AF403127

LA GÉORGIE LIBRE

EMMANUEL KUHNE

LA GÉORGIE LIBRE

SON PASSÉ — SON PRÉSENT — SON AVENIR

(AVEC UNE CARTE)

GENÈVE

IMPRIMERIE DE « LA TRIBUNE DE GENÈVE » RUE BARTHOLONI

1920

TABLE DES MATIÈRES

AVANT-PROPOS

Le monde moderne se reforme. Depuis la guerre, les citoyens des pays d'occident ont dû familiariser leur esprit et leurs idées avec un grand nombre de peuples et de pays nouveaux. La géographie est à refaire. Du démembrement de l'ancienne Autriche-Hongrie, plusieurs nations ont surgi qui ont demandé et obtenu leur place au soleil. L'ancien empire des tsars qui — de loin et pour la masse qui ne voit la chose que superficiellement — semblait avoir l'unité de race et de culture, s'est trouvé être, en réalité, une énorme mosaïque de peuples, plus diverse encore dans ses éléments que la monarchie de François-Joseph. Sur ses ruines se sont déjà édifiés plusieurs Etats officiellement reconnus, comme la Pologne et la Finlande, et d'autres déjà formés sont en train de réclamer leur tour.

De ce nombre, et au premier rang, est la Géorgie qui — mes lecteurs pourront s'en convaincre — possède tous les droits à l'attention des démocraties occidentales. En faisant plus ample connaissance avec le peuple géorgien, avec son passé et ses institutions, si semblables à celles de la Suisse, l'auteur de ces lignes, rédigées d'après des documents de première main, s'est pris pour lui d'une vive sympathie. Il espère pouvoir la faire partager à ceux qui voudront bien lire ces quelques pages. Si c'est le cas, son but sera amplement atteint.

Le grand géographe français Vivien de Saint-Martin nous semble avoir été bon prophète quand il dit, précisément à propos des Géorgiens : « Les peuples ne meurent pas au gré des événements, non plus que des calculs de la politique ». La Géorgie n'est pas morte ; elle veut vivre, et vivre libre !

E. K.

Genève, novembre 1919.

SITUATION GÉOGRAPHIQUE

Avant de parler du pays, rendons-nous compte de la place qu'il occupe dans le monde. Ce que Elisée Reclus appelle l'isthme ponto-caspien est un pont gigantesque jeté entre l'Europe et l'Asie, entre la mer Noire et la Caspienne. Les géographes hésitent à l'attribuer à l'un ou à l'autre des deux continents. Géographiquement, la grande chaîne du Caucase sépare la Ciscaucasie de la Transcaucasie. De cette dernière, la Géorgie est l'élément principal. Elle en occupe l'ouest et le centre. Reclus n'hésite pas à dire que les bassins de l'Ingour et du Rion, soit la Géorgie de l'ouest, sont le pays le plus européen de la Caucasie. Dans son ensemble, le pays forme, en gros, un triangle dont la base serait la mer Noire et dont la pointe serait dirigée vers Bakou. Les Anglais comparent aussi sa forme à un tire-bottes, la partie évasée de l'instrument étant représentée par la courbure de la mer Noire. Il a, au nord tout au moins, la plus naturelle des frontières, la grande chaîne du Caucase dont l'Elbrouz, le point culminant, dépasse de 800 mètres le Mont-Blanc et se voit à 200 kilomètres de distance.

Sauf dans la région au sud de Wladicaucase, la frontière suit la ligne du partage des eaux sur une longueur d'environ 600 kilomètres. Elle quitte la grande chaîne à 270 kilomètres de Bakou, rejoint le fleuve Koura (Mtkvari), affluent principal de la Caspienne méridionale, le remonte jusqu'au sud de Tiflis, puis suit les montagnes, laisse au sud Kars et Erzeroum et rejoint la mer Noire à l'ouest de Ofa, à l'embouchure du Kalapotamos. Telle est du moins, en gros, la Géorgie ethnique telle qu'elle entend se reconstituer.

Au total, ce pays aura de 100 à 110,000 kilomètres carrés — soit trois fois la Hollande — et une population d'environ quatre millions d'habitants.

Il suffit de jeter un coup d'œil sur une carte générale, pour se rendre compte de l'importance énorme de ce pays au point de vue géographique et économique. Les Russes savaient bien ce qu'ils faisaient en se l'appropriant. C'était une base contre la Turquie et la Perse. L'isthme caucasien est la clef de l'Asie centrale, l'intermédiaire naturel entre l'Europe et la Perse, le Turkestan, la Boukharie et Khiva. Par la Caspienne et la Volga navigable, il est le chemin le plus économique pour atteindre la région d'Astrakhan, la Russie du sud-est et la Sibérie occidentale. Au moment où la route de Bagdad passe aux mains des Anglais, le Caucase est la seule voie vers l'Orient non monopolisée par les grandes puissances. On ne saurait trop insister sur l'importance, pour les petites nations industrielles particulièrement, de cette dernière voie de pénétration commerciale libre vers l'Asie centrale et spécialement vers l'ancien Turkestan russe, un pays d'une richesse incroyable qui pourrait approvisionner de coton l'Europe entière.

Cette importance paraît si évidente, surtout depuis que la guerre a libéré les Détroits et la navigation dans la mer Noire, qu'il y a lieu de s'étonner de l'indifférence des nations occidentales concernant le problème caucasien. L'Europe a tout à gagner à avoir un Etat qui soit le solide gardien de ce qui redeviendra un des grands passages du monde.

La Géorgie ne tient cependant pas la totalité de l'isthme ; la partie orientale au sud du Caucase et jusqu'aux montagnes de l'Arménie appartient à la république amie de l'Azerbeidjan (Tatarie) qui tient le bassin inférieur de la Koura et celui de l'Arax (¹). Cet Etat musulman entretient avec la Géorgie les meilleurs rapports politiques et a même conclu avec elle une alliance défensive. Au point de vue économique, les deux Etats marchent aussi d'accord et il n'y a aucun obstacle de ce côté à l'expansion commerciale qui attend la Géorgie de l'avenir.

(¹) Par gain de paix et souci de bon voisinage, la Géorgie renonce à revendiquer le district de Kazakh, au sud-est de Tiflis, qui lui reviendrait historiquement. Ce district est surtout musulman et l'Azerbeidjan tient à le conserver. En outre, une partie du district d'Alexandropol, qui reviendrait à la Géorgie historique, est laissé à l'Arménie.

LE PEUPLE. — SA LANGUE

Contrairement à ce que beaucoup croient, les Géorgiens ne sont nullement des Slaves : ils n'ont aucune affinité avec les Russes. Il y a divergence entre les savants. Les uns les prétendent aryens ; les autres, dont Max Muller, touraniens. Eux-mêmes se disent caucasiens, donc d'origine autochtone. Ils sont ainsi d'accord avec les quelques savants qui voient dans ce peuple, comme c'est le cas pour les Basques, un îlot demeuré d'une race plus ancienne qui n'est ni aryenne, ni touranienne.

Cette race passe pour la plus belle qui soit et on sait que, pendant fort longtemps, et tout récemment encore, les sultanes préférées des padischahs étaient toujours des Caucasiennes : Géorgiennes ou Circassiennes. Eux-mêmes ne s'appellent pas Géorgiens — le nom est d'ailleurs d'origine incertaine (¹) — mais se désignent sous

(¹) Il vient peut-être du nom par lequel les Persans et les Turcs désignent les Géorgiens, les Gourdjis et leur pays le Gourdjistan (le pays des Gourdjis). Elisée Reclus se demande s'il faut attribuer à saint Georges le chevalier, l'origine du nom de Géorgie et l'appellation russe de Grousie qui lui est donnée conformément à la prononciation locale. (*Nouvelle Géographie Universelle*, VI, p. 200).

le nom de Karthveli. Ils donnent au pays lui-même le nom de Sakarthvelo.

Ce qui est certain c'est que le peuple est très ancien et a conservé son caractère ethnique.

Elisée Reclus, le grand géographe français, dit à ce propos :

« Les figurines que l'on a retrouvées dans les tombeaux représentent exactement le même type et le même mode de coiffure que ceux des habitants actuels de la contrée ; rien n'est changé à cet égard depuis deux mille années. Possesseurs de la contrée aux âges les plus reculés de l'homme, les Géorgiens ont réussi à maintenir, sinon leur indépendance, du moins leur cohésion ethnique et leurs dialectes de commune origine ».

La race, nous l'avons dit, est fort belle. En général les femmes se distinguent par la pureté et la beauté des traits, surtout dans la province de Koutaïs. L'homme est en général grand, solide, svelte et sa figure forme un ovale parfait. Il a ordinairement la carnation claire, les yeux et les cheveux bruns et le nez busqué.

Au point de vue moral, un roi géorgien a tracé de son peuple le portrait suivant que nous donnons en entier, bon et mauvais : « Il est brave, patient dans la fatigue, hardi à monter à cheval, leste et agile. Il est généreux et ne songe point à amasser, prodigue de son bien et de celui d'autrui, glorieux, aimant l'instruction. Les

Géorgiens se soutiennent mutuellement ; ils aiment à se rappeler le bien et à le rendre ; ils changent facilement du bien au mal ; ils sont têtus, ambitieux, flatteurs, insolents ».

A ce portrait déjà fort ancien, et que certains auteurs modernes affirment être encore exact dans ses grandes lignes, on peut ajouter que le Géorgien est brave, mâle et solide ; qu'il est parfois assez mauvais administrateur de son bien et qu'il se confie trop facilement à l'appât que lui tendent, dans les villes, les spéculateurs arméniens.

Voici, au surplus, un autre portrait, tout moderne celui-ci. Il est signé d'un écrivain français qui a visité récemment le pays, M. Iann Karmor. Nous lui laissons la parole :

« De loin, vous trouverez aux Géorgiens les mouvements aussi souples, la taille non moins joliment cambrée, la démarche à peine moins fière que chez les indomptables Tcherkesses. De plus près, c'est la même abondante chevelure noire, les mêmes grands yeux, énergiques et farouches quelquefois, avec de longs cils, et très troublants chez les femmes. Enfin, à les toucher, vous voyez une denture irréprochable, des mains petites sans exagération et distinguées, une peau fine d'un blanc très pur.

« Au point de vue du caractère, en dépit des conditions qui ont présidé à sa formation, le

Géorgien s'affirme comme très gai. Il devient jovial et plaisant à la faveur de l'excitation produite par le jus de la treille. De là peut-être l'amour des Géorgiens pour le chant et la danse qui n'est chez eux que l'accompagnement rythmique de la voix. Longtemps avant l'initiative de Jaques-Dalcroze, avant même les éducateurs athéniens, les Géorgiens ont cultivé l'eurythmie de générations en générations et c'est peut-être à cette longue discipline qu'ils doivent leur admirable structure corporelle.

« Même au travail, en sarclant leurs champs de maïs, en faisant leurs récoltes d'orge, de millet ou de froment, les Géorgiens accompagnent la besogne d'un rythme approprié. Disposés en groupes réguliers, ils attaquent leur tâche avec bonne humeur. Plusieurs des moissonneurs chantent des paroles ayant rapport avec leur genre d'activité. A mesure qu'ils avancent, ils précipitent le rythme, s'arrêtent brusquement au bout de l'emblavure pour reprendre, en revenant sur leurs pas, un nouvel andain. Ainsi cadencé, le travail devient une espèce de joie collective qui assure à l'employeur le minimum de rendement pour le minimum de fatigue de sa main-d'œuvre. »

Au point de vue pittoresque, il y a malheureusement une ombre au tableau. Dans les villes, les costumes indigènes ont fait place aux vêtements européens et, dans les campagnes, ils disparaissent aussi graduellement. C'est dommage, car, vêtu de sa longue tunique, de son bokhokhi (kalpak), de son large pantalon et chaussé de ses bottes molles, le Géorgien avait fort grand air. Beaucoup de femmes portent cependant encore leur petit bonnet carré brodé d'or et leur veste (*tchadra*) élégamment disposée. Il y aurait une curieuse étude à faire sur les costumes traditionnels du pays. Il y en a autant que de provinces.

Le géorgien est une des plus anciennes langues qui soient. Un savant orientaliste, M. Marr, Ecossais par son père, Géorgien par sa mère, en a fait une étude spéciale et l'appelle langue japhétique. Elle est à moitié sémitique. C'est en partie grâce à son intermédiaire qu'on a découvert le secret de la langue assyrienne. Le géorgien n'a avec le russe aucun rapport quelconque. A l'inverse des autres langues sémitiques, il s'écrit comme les langues européennes, de gauche à droite. Son alphabet, qui, d'après la tradition, remonte au roi Pharnaos qui délivra le pays du joug macédonien, a beaucoup plus de lettres que le nôtre ; il en compte 38 dont une dizaine de sifflantes. Détail curieux : il y a pour l'Eglise un alphabet liturgique très différent des caractères cursifs et une langue ecclésiastique qui diffère de la langue civile. Par contre, cet alphabet liturgique géorgien a de grandes analogies avec l'alphabet, unique celui-ci, des Arméniens.

Voici ce que dit Reclus de la langue géorgienne :

« La langue des Géorgiens, que certains auteurs ont voulu rattacher à la souche indo-européenne, et qui, d'après d'autres savants, appartiendrait au groupe de langages de l'Altaï, paraît à certains devoir être considérée comme occupant une place à part et c'était déjà l'avis de Klaproth confirmé depuis par Zagarelli, le philologue géorgien qui s'est occupé avec le plus de soin de la grammaire de son idiome. De même que le basque en Europe, le géorgien serait en Asie le reste d'une langue parlée jadis sur une beaucoup plus vaste étendue et n'ayant aucun rapport de parenté avec les dialectes aryens, sémitiques, ouraliens. Quant aux signes de l'alphabet géorgien, usité au moins depuis le dixième siècle, ils sont, de même que les lettres arméniennes dérivés de l'alphabet araméen par l'intermédiaire du pehlvi et du zend. »

A côté du géorgien il y a plusieurs dialectes, le mingrélien ou laze, le svane, mais ceux qui les parlent se comprennent entre eux et sont également compris de ceux qui se servent de la langue mère.

Le géorgien a des particularités qui sont à noter. Les substantifs n'ont ni article ni genre. Il n'y a pas moins de huit conjugaisons. L'indicatif a six temps. Les verbes ne possèdent pas de subjonctif. C'est au moyen de préfixes et d'affixes que s'obtiennent le comparatif et le pluriel.

Cette langue possède une littérature poétique fort riche de laquelle nous aurons à parler plus loin et dont la période de plein épanouissement remonte au XI et XIIe siècles.

La population géorgienne se rencontre en masses compactes dans l'ouest et dans la majeure partie de l'est ; elle forme à peu près les trois quarts du total. Dans certaines régions limitrophes, les allogènes sont en majorité, mais ils vivent en parfaite concorde avec les Géorgiens. C'est le cas des Lesgues dans le district de Zakathali à l'extrême pointe est ; des Tatares et des Arméniens dans les provinces méridionales, principalement dans les districts de Bortchalo et d'Akalkalaki, enfin des Lazes du Lazistan qui sont des Mingréliens conquis par les Turcs au début du XVIIe siècle et musulmanisés.

Pour le dire en passant, le Lazistan sera réclamé par les Géorgiens comme étant nettement de leur race si — ce qui semble probable — l'Arménie future a son débouché maritime à Trébizonde. Dans ce cas-là en effet, le Lazistan serait un territoire turc enclavé entre l'Arménie et la Géorgie. Il est naturel que les Lazes soient unis à leurs frères de race et de langue. Il s'agit d'ailleurs d'un territoire assez restreint, une zone côtière d'une centaine de kilomètres de longueur et dont la profondeur moyenne jusqu'à

la crête des montagnes, la chaîne du Lazistan,
ne dépasse pas une quarantaine de kilomètres.

Au point de vue de la religion, les Géorgiens
sont chrétiens pour 90 %, la plupart orthodoxes
grecs. Nous aurons à reparler de la situation
religieuse du pays dans le chapitre consacré à
l'état social.

HISTOIRE

L'histoire de la Géorgie que le Français Brosset (¹) a écrite en cinq volumes, publiés à Saint-Petersbourg, en géorgien, avec traduction française, parue de 1849 à 1858, ne peut être résumée en quelques paragraphes. Impossible d'en donner ici autre chose que les grandes lignes.

L'ancien royaume

L'histoire du pays a une période légendaire. Ce que les historiens grecs appelaient la Colchide n'est autre que la Mingrélie, la partie du pays au nord de Poti, ville que les Grecs appelaient Phasis. C'était la résidence de Jason et la patrie de la toison d'or, légende qu'on peut attribuer aux mines d'or de son territoire ou à ses richesses naturelles. C'est un contemporain de Nemrod, Thargamos, qui fut, suivant la tradition, son premier roi vingt-cinq siècles avant notre ère — enfoncés les quarante-deux siècles d'histoire dont se targue la Corée — mais on ne sait pas grand'chose de ces premiers temps de l'histoire géorgienne. Il faut en venir à l'épo-

---

(¹) Tiflis a une rue portant son nom.

que d'Alexandre-le-Grand pour avoir des documents plus précis. Conquise par les Macédoniens, la Géorgie ne tarda pas à se libérer sous Pharnaoze, un roi d'origine persane qu'on disait descendant des anciens rois autochtones.

L'Ibérie, ainsi s'appelait alors le pays, fut ravagée à plusieurs reprises par les armées de Mithridate, lors des conquêtes de Lucullus et de Pompée, mais sans que la dynastie des rois Arsacides ait été complètement évincée. Elle dura jusqu'en 242 de notre ère et elle fut remplacée par celle des Sassanides qui se prolongea aussi environ cinq siècles.

Ce pays était, déjà alors, en rapports fréquents avec les civilisations grecque et romaine. C'est en 323 que le christianisme remplace le culte des astres, sous le roi Mirian, un contemporain de Dioclétien. C'est une esclave chrétienne Nino ou Nouna (en russe Nina) — plus tard sainte Nino, devenue protectrice de la Géorgie, et encore fêtée aujourd'hui — qui prêcha le christianisme. Le culte du feu demeura encore assez longtemps la religion du peuple. Il fallut deux siècles pour faire disparaître les dernières traces d'idolâtrie. Dès le Ve siècle, l'Eglise de Géorgie est déclarée autocéphale, soit indépendante, par décision d'un concile œcuménique. C'est à ce moment que les Arméniens et les Géorgiens qui avaient, jusque-là, la même religion se séparèrent, les Géorgiens demeurant orthodoxes et les Arméniens devenant grégoriens. C'est à ce fait de l'ancienne concordance des religions qu'on doit, semble-t-il, la similitude de l'alphabet ecclésiastique géorgien avec l'alphabet arménien. Dès les temps reculés, l'Eglise géorgienne a son catholicos qui réside déjà à Mtskhethi au nord de Tiflis, l'ancienne capitale, où se trouve un des plus vieux dômes du pays et qui reste métropole religieuse encore aujourd'hui

C'est à cette époque, en 469, que le roi Vakhtang-Gorgaslan (Cœur de lion) fonde Tiflis, la « ville aux eaux chaudes » (Thbilissi). Ses successeurs et les premiers rois de la dynastie des Bagratides agrandissent le pays considérablement, à l'ouest, à l'est et au sud. Au XIe siècle, le royaume voisin d'Arménie perdit son indépendance. Il y eut des milliers d'Arméniens qui se réfugièrent alors en Géorgie. Leurs descendants y sont encore et continuent à suivre le rite grégorien tout en étant devenus des Géorgiens excellents.

Le XIIe siècle est celui de l'épanouissement historique du pays. Il était alors divisé en saéristhavo et themi ayant une large autonomie qui rappelle celle des cantons suisses.

Une souveraine de cette époque a laissé un souvenir légendaire, c'est la reine Thamar (1184-1212), fondatrice de l'empire de Trébizonde. Cet empire était alors, le fait est à noter, une sorte de fédération. Il y eut même une tentative de créer un parlement et un projet de constitution à laquelle la reine aurait promis fidélité. Ce qui a beaucoup contribué à faire de Thamar une reine de légende c'est le poème qu'écrivit à son sujet un de ses contemporains et admirateurs, Chotha Rousthaveli. Son poème qui a été traduit en français (*Journal asiatique* de juin 1887), en anglais et en allemand, porte un titre que M. Clemenceau ne désavouerait pas et qui signifie *L'homme dans la peau du tigre*. Il est resté populaire et est considéré comme classique. On raconte qu'un poète russe, Balmonte, en ayant lu la traduction anglaise, trouva ce poème si beau qu'il apprit le géorgien pour le traduire en russe.

Les Géorgiens de cette période avaient avec l'empire de Byzance des rapports constants et ils ont participé à toutes les croisades. Ils ont eu à Jérusalem plusieurs couvents, fondés au cours de ces expéditions, et qui furent perdus plus tard par les Russes.

Cette période de haute prospérité — le pays compta jusqu'à sept millions d'habitants — fut de durée assez courte. Elle fut suivie d'un long calvaire par suite des invasions des Mongols, des Turcs, des Persans. A Tamerlan succédèrent les Ottomans. Contre les uns et les autres, les Géorgiens combattirent, souvent avec succès, ne cédant leurs terres que pas à pas. Les rois cependant ne furent d'ailleurs jamais complètement dépossédés, mais leur royaume, constamment attaqué, était souvent réduit à un territoire très restreint. Un d'entre eux, Alexandré, qui vivait dans la première moitié du XVe siècle, partagea son royaume en trois Etats, la Kakhéthie, l'Iméréthie et le Karthli qu'il donna à chacun de ses fils, d'où une période de troubles et de contestations continuelles.

Un grand événement extérieur, survenu en 1453, eut sur l'histoire de la Géorgie une répercussion énorme. La prise de Constantinople par les Turcs et leur établissement dans la péninsule balkanique fit une coupure profonde entre l'Occident et le monde oriental et brisa net les liens que la Géorgie entretenait avec l'Europe civilisée. Elle fut dès lors réduite à vivre sur elle-même : restée chrétienne, elle ne pouvait avoir de relations avec les Ottomans islamisés et elle n'eut plus d'autre intermédiaire que les Russes pour leurs relations avec le monde chrétien. Certains souverains, ceux du Karthli, durent même accepter l'islam pour assurer la protection de la Perse et maintenir ce qui leur restait d'autonomie.

En 1716, Vakhtang, souverain de Géorgie, est reçu par Pierre-le-Grand, premier pas dans la vassalité future. A grand'peine, les princes conservent leur souveraineté sur des Etats bien diminués et morcelés. Menacés au sud par les Turcs et les Persans, ils se décident à négocier avec la Russie un traité d'alliance d'où devait découler l'annexion du pays.

Le traité de 1783

C'est en 1783, le 24 juillet, que le premier traité est conclu entre Irakly soit Eréclé II, tsar de Karthli et de Kakhéthie avec l'impératrice Catherine II de Russie. Il vaut la peine de s'y arrêter pour montrer comment on l'a fait dévier de ses intentions primitives (¹).

Le souverain géorgien se mit sous la protection de la tsarine, au moyen d'un traité d'amitié. Son négociateur n'était autre que Potemkin, de fastueuse mémoire. Contre un serment de renoncer à toute vassalité du côté de la Perse ou de toute autre puissance et une promesse formelle d'aider à l'Etat russe quand celui-ci l'exigera, la tsarine garantit au souverain géorgien la conservation complète de ses territoires actuels, garantie qu'elle étend aux territoires qui seront acquis à l'avenir.

A chaque article du traité, il est question de la *protection* de la tsarine et il est entendu que chaque partie entretiendra auprès de l'autre un ministre résident, ce qui prouve bien qu'il n'y avait pas un lien de vassalité. Catherine II s'engage à conserver toujours sur le trône Héraclius II et ses descendants, à ne pas se mêler des affaires intérieures du pays, à ne prendre aucune part au pouvoir exécutif ni à la perception des

---

(¹) Le texte complet en a été publié à Genève, en octobre 1919, avec une préface de M. le professeur Paul Moriaud et des commentaires de M. Okhoumeli.

impôts. Le catholicos devenait membre du Saint-Synode, avec le huitième rang parmi les archevêques de Russie. La liberté réciproque des échanges était prévue. Aucun changement ne pouvait être fait à ce traité perpétuel qu'en vertu d'un consentement réciproque.

Un traité additionnel signé le même jour réglait le cas des secours militaires et l'aide promise pour obtenir le retour de tous les territoires ayant appartenu au royaume géorgien.

La Russie signe un traité absolument semblable avec les divers Etats qui composaient la Géorgie : en 1804, avec le roi d'Iméréthie, en 1803 avec le prince de Mingrélie, en 1810 avec les princes de Gourie et d'Abkhazie, et en 1833 avec celui de Svanéthie. Dès lors, le pays fut pris dans l'étau. A cette époque, la Géorgie était morcelée : elle comprenait deux royaumes, celui de Karthli et de Kakhéthie dont le souverain portait le titre de roi des rois, et celui de l'Iméréthie, soit de Géorgie occidentale. En outre il y avait les quatre peuples plus ou moins indépendants, que nous venons de mentionner, la Mingrélie, pays côtier au nord de Poti avec Zougdidi comme ville principale ; la Gourie plus au nord avec Ozourgethi ; l'Abkhazie avec Soukhoum, l'ancienne Dioscuria des Grecs, resserrée entre la chaîne du Caucase et la mer Noire, enfin la Svanétie ou Svanie, le pays des montagnards, au sud de la haute chaîne avec Tsaguéri comme ville principale, au débouché d'un des rares cols franchissables allant vers les plaines du Térek.

Malgré le traité de 1783, les Russes laissèrent les Persans envahir le pays, piller et incendier Tiflis (1795). L'année suivante, ce fut au tour des Russes d'entrer dans le pays, de l'occuper entièrement. En 1801 enfin, le dernier acte était joué et la Géorgie était proclamée province russe. A ce moment-là, l'Angleterre et la Russie protestèrent officiellement contre cette annexion.

Pour en finir avec ce traité de 1783, ajoutons qu'il figurait encore à la chute du tsarisme dans tous les recueils de traités russes. Il était donc, nominalement du moins, encore en vigueur lors de l'écroulement de l'empire russe. Le pouvoir tsariste n'existant plus, le lien de droit est rompu entre les deux Etats, ce qui dégage la Géorgie au point de vue juridique et rend sa position internationale très solide. Le traité qui la liait et qui avait été détourné de son sens primordial est devenu caduc par suite de la disparition d'un des signataires. Il n'y a donc aucun obstacle juridique à ce que l'autre signataire, la Géorgie, reprenne son indépendance antérieure.

D'ailleurs, l'annexion de la Géorgie n'a jamais été reconnue par aucun des grands traités internationaux, pas plus ceux de Vienne que ceux de Paris et de Berlin. Bien plus, l'empereur Napoléon III a, en son temps, insisté sur le droit de la Géorgie à l'indépendance.

Les événements contemporains

De 1801 à 1917, l'histoire de la Géorgie se confond avec celle de la Russie à laquelle elle a fourni nombre d'hommes de valeur, particulièrement des généraux, entre autres Bagration, l'adversaire de Napoléon Ier. Jamais cependant, particulièrement chez les montagnards, les Libres-Svannes, comme ils s'appelaient — les Russes les nommaient les « ci-devant Libres-Svannes » — les Géorgiens ne perdirent le sentiment national et n'abandonnèrent l'idée de recouvrer l'indépendance ; jamais ils ne se laissèrent assimiler par les Russes qui, eux, considéraient seulement le Caucase comme une base militaire.

A la suite de guerres heureuses, les Russes agrandirent la Géorgie aux dépens de la Turquie en lui reprenant des territoires antérieurement géorgiens : les provinces d'Akhalkalaki et de Akaltsikhé en 1829, celles de Batoum, d'Ardahan et d'Olty en 1878.

Très libéraux d'opinion, les Géorgiens accueillirent avec joie la première révolution russe de 1905 et ils en furent cruellement punis par d'innombrables déportations en Sibérie.

Ce furent leurs députés qui, dans les quatre Doumas, dirigèrent la fraction sociale-démocratique : Jordania et Ramichvily, à la première : I. Tseretelli et A. Djaparidzé, à la deuxième ; Tchkheidzé et Guéguetchkory à la troisième ; Tchkheidzé et Tchenkeli à la quatrième. La

Géorgie avait confiance dans la démocratie russe, mais elle ne la suivit pas dans ses excès.

Pendant les premières années de la guerre, les Géorgiens firent bravement leur devoir militaire. On cite ce mot du grand-duc Nicolas, chef suprême de l'armée russe et bon juge en pareille matière : « Si j'ai cinq Géorgiens par compagnie, je suis tranquille sur le sort de mon armée ». » Ils ont loyalement collaboré avec le peuple russe aux charges de la guerre puisqu'ils ont envoyé, au total, 200,000 de leurs enfants combattre sur les divers fronts d'Orient, d'où un très grand nombre ne sont pas revenus.

La révolution les trouva franchement du côté populaire. Ils n'hésitèrent pas à offrir leurs services au premier gouvernement issu de la Douma. On se souvient du grand rôle joué dans les premiers mois de la Révolution par Tcheidzé et Tseretelli ; ce dernier faisait partie du gouvernement de Kerenski.

Le premier ministère révolutionnaire, celui du prince Lwow, savait qu'il pouvait compter sur le concours des Géorgiens. Il désigna, pour remplacer le vice-roi du Caucase, le Comité transcaucasien, spécialement composé des députés caucasiens à la Douma, dont le plus influent était le Géorgien Tchenkeli. Tant que la Russie resta fidèle à ses alliances, les Géorgiens soutinrent de toutes leurs forces les tentatives du gouvernement révolutionnaire pour continuer dans la voie de la résistance, mais quand ils s'aperçurent de l'incapacité du peuple russe à se gouverner lui-même et qu'ils assistèrent à la décomposition de l'empire, ils refusèrent de se laisser entraîner dans l'abîme.

Aussitôt après l'éclosion du bolchevisme, ils se mirent à la tête des peuples du Caucase et constituèrent pour tous les territoires de la Transcaucasie un gouvernement et une Diète fédératifs présidés par des Géorgiens.

Ce gouvernement prenait le pouvoir dans des circonstances très difficiles. Il avait, tout à la fois, à lutter contre les bolcheviks russes qui l'attaquèrent à plusieurs reprises et à essayer de maintenir l'ancien front d'Arménie. Il y avait là plus d'un million de soldats russes dont la discipline n'existait plus et que la propagande rouge avait corrompus. Ils désertaient les uns après les autres, non sans avoir vendu aux Turcs leurs armes et leurs bagages. Les nouvelles troupes nationales du Caucase, à peine constituées, étaient incapables de résister sur ces deux fronts à la fois, et cela d'autant plus que les Tatares, qui en étaient un des éléments, ne voulaient pas lutter contre les Turcs leurs coreligionnaires.

Malgré tous les efforts des bolcheviks pour convertir les Géorgiens à leurs doctrines, malgré la distribution d'argent et de promesses par leurs émissaires et par les soldats en retraite, les Géorgiens ne se laissèrent pas entamer par ces doctrines subversives. C'est même le seul des Etats issus de l'ancienne Russie qui soit resté sourd à toutes les tentatives.

Par contre, la propagande des Turcs parmi les musulmans qui dominent dans tout l'est de la Transcaucasie, chez les Tatares ou Turcomans de l'Azerbeidjan, aboutit et mina l'unité trans-caucasienne. Proclamée le 22 avril 1918, la République transcaucasienne fédérative ne dura en droit que cinq semaines. Il est à noter cependant que son existence réelle a été plus longue. Elle existait de fait depuis la révolution bolcheviste. Le 22 novembre 1917, le Conseil national de Géorgie avait été élu par l'Assemblée nationale. La jeune république avait même eu le temps de refuser sa participation aux négociations de Brest-Litowsk. Elle n'avait voulu y envoyer aucun délégué.

A ce moment-là commence une période agitée de l'histoire contemporaine de la Géorgie. L'armée turque n'ayant plus devant elle l'armée russe qui avait lâché pied, commence à envahir le pays. Dès le mois de mars, il avait fallu négocier, à Trébizonde, avec les Turcs qui insistaient pour la reconnaissance du traité de Brest-Litowsk par la République fédérative transcaucasienne. La délégation de la diète persista dans son refus et envoya des troupes. Les jeunes armées géorgienne et arménienne ne pouvaient guère résister à de vieilles troupes aguerries par plusieurs années de campagne. Kars et Batoum capitulèrent le 1ᵉʳ avril 1918 et il y eut des ruines terribles dans tous les territoires occupés par les Turcs qui réduisirent les habitants à la famine. Il fallut négocier à nouveau pour tâcher de sauver le pays. De deux maux, les Géorgiens choisirent le moindre et acceptèrent l'intervention allemande contre les Turcs. Ils réussirent à semer la méfiance entre les alliés et à les tourner les uns contre les autres, si bien qu'il y eut entre eux de sanglants combats.

L'indépendance géorgienne

L'invasion turque et la propagande chez les Tatares ayant rendu impossible toute collaboration entre les Etats caucasiens, la Diète décide elie-même, le 26 mai, de se dissoudre. Le même jour, à 5 h. 10 — soyons précis —, le Conseil national géorgien proclamait l'indépendance de la Géorgie en ces termes :

I. Dorénavant le peuple géorgien est souverain et la Géorgie est un Etat jouissant de tous les droits d'un Etat indépendant.

2. L'organisation politique de la Géorgie indépendante est la République démocratique.

En cas de conflits internationaux, la Géorgie restera toujours neutre.

4. La République démocratique géorgienne désire établir des relations amicales avec toutes les **autres** nations et particulièrement avec les peuples et les Etats avoisinants.

5. La République démocratique géorgienne garantit sur son territoire les droits civils et politiques à

tous les citoyens, sans distinction de nationalité, de religion, d'état social ou de sexe.

6. La République démocratique géorgienne laisse à tous les peuples habitant son territoire le champ libre pour leur développement.

Cet acte de constitution de la Géorgie a été confirmé, le 12 mars 1919, à la première réunion de l'Assemblée nationale géorgienne qui s'est ouverte à Tiflis, dans l'ancien palais du vice-roi du Caucase, au milieu des acclamations du peuple et devant les représentants diplomatiques. Assistaient à la réunion : le ministère au complet ; Sa Sainteté le Catholicos de Géorgie, Léonide, et les représentants de l'Angleterre, de la France, de l'Amérique, de la Suisse, de la Grèce, de l'Espagne et des Pays-Bas, ainsi que les délégués de Pologne, de Lithuanie, de Tchéco-Slovaquie, d'Ukraine, de Perse, d'Azerbeidjan, d'Arménie, de la République des montagnards et de Bachkirie.

Le président d'âge en faisant un résumé des événements ne manqua pas de saluer, aux acclamations de tous, la Grande-Bretagne, « avant-garde de la démocratie » ; la France, « berceau de la Révolution » ; les Etats-Unis « symbole de liberté », et « la petite Suisse, refuge de tous les persécutés ».

Toutes les nationalités vivant sur le territoire de la République, toutes les minorités nationales, russe, arménienne, tatare, grecque, juive, etc., ont leurs représentants à la Constituante qui compte, au total, 109 social-démocrates, 8 social-fédéralistes, 8 nationalistes-démocrates et 5 socialistes-révolutionnaires.

Le gouvernement actuel, choisi parmi les social-démocrates, est présidé par M. Jordania et l'Assemblée constituante a désigné, à l'unanimité, comme président, M. Nicolas Tcheïdzé, qui préside à Paris la délégation géorgienne à la conférence de paix.

A peine née à l'existence, la jeune république a eu à se défendre. Elle avait réussi à chasser les bolchévistes. Hélas ! ce souci passé, un autre ennemi se levait contre elle. Le général Denikine qui a à sa disposition toutes les ressources de l'Entente, en argent et en munitions, pour lutter contre le bolchevisme dans le sud de la Russie, voyait de mauvais œil la République géorgienne réaliser pour son compte les conquêtes de la révolution russe. A plusieurs reprises, il a envoyé des armées vers le Caucase ; il a inondé de ses troupes le pays du Kouban, supprimé la république des montagnards (¹), soit celle de la Ciscaucasie, et poussé jusqu'à la Caspienne : à la fin de mai 1919, il commençait à envahir l'Azerbeidjan sans réussir à secouer l'indifférence des représentants de l'Entente au Caucase. A l'autre extrémité de la grande chaîne, dans l'arrondissement de Sotschi, les troupes des « volontaires »

(¹) Aux dernières nouvelles, la république des montagnards avait réussi à se libérer des troupes de Denikine.

détruisaient plusieurs villages et fusillaient de nombreux Géorgiens. Les armées de la République ont résisté de leur mieux et victorieusement à toutes les attaques.

Le danger, de nouveau, a rapproché les diverses républiques caucasiennes. L'Azerbeidjan, la Ciscaucasie et la Géorgie ont adressé, le 20 juin 1919, au Conseil des grandes puissances alliées une circulaire protestant contre les agressions de l'armée de Denikine. Cette déclaration émet le désir de placer sous la sauvegarde de la Société des Nations l'Union des Etats du Caucase « qui mettrait l'isthme caucasique ainsi affranchi à l'abri de tout impérialisme envahisseur et lui assurerait son rôle de lien entre l'Occident et l'Orient ».

D'après ce document, notifié à Paris, aux dirigeants de la paix, une conférence convoquée à Tiflis devait régler les questions d'ordre général intéressant les trois républiques mentionnées ci-dessus, plus l'Arménie. Cette conférence, tint dès le mois de juin 1919, sa première réunion, à Tiflis, et elle a pris, au point de vue territorial, la résolution suivante qui est conforme aux principes démocratiques les plus progressistes :

« 1. La Conférence se charge de la délimitation des frontières d'Etat des Républiques transcaucasiennes, en conformité du droit des peuples à disposer d'eux-mêmes ;

« 2. Ne peuvent être considérées comme litigieuses et faire l'objet de partages que les zones frontières situées entre les Républiques ;

« 3. Le partage de la zone doit s'effectuer de commun accord entre les Républiques intéressées et, au cas où cet accord ne serait pas réalisé, par voie d'arbitrage.

« En conformité de cette décision, la Conférence a élu, pour la solution pratique des questions de frontières, une commission composée de trois représentants de chaque république. »

Cet accord est de bon augure et laisse entrevoir pour l'avenir la reconstitution de cette Union des Républiques transcaucasiennes qui pourrait former par la suite une fédération puissante et durable.

En outre, il a été conclu entre la Géorgie et l'Azerbeidjan une convention militaire défensive contre les armées de Denikine, convention qui a été notifiée immédiatement à l'Entente et à laquelle l'Arménie peut adhérer en tout temps.

Actuellement donc, la République géorgienne existe de fait depuis deux ans ; elle est en instance auprès de la Conférence de paix pour obtenir la reconnaissance officielle, sans avoir pu encore la conquérir. Seule la République argentine a proclamé, le 15 septembre, sa reconnaissance officielle — la Suisse tardera-t-elle encore à imiter cet exemple ? — La Conférence, contrainte de sérier les questions n'a pas encore

abordé l'examen du problème caucasien. Elle
entend d'abord terminer les traités de paix avec
les puissances centrales et la Turquie avant d'exa-
miner la reconstitution de l'Europe orientale.

Elle oblige ainsi les malheureux habitants de
ces contrées du Caucase à être liés de droit à un
empire qui n'existe plus, à n'avoir d'autre monnaie que le rouble dont on sait la formidable
chute, et à voir chaque jour la ruine grandir,
tandis que la reconnaissance de l'Etat de fait
mettrait le pays à son vrai rang économique.
Cette reconnaissance pourrait se baser sur le
fait dont nous avons parlé, que l'annexion de la
Géorgie n'a jamais été sanctionnée par l'Europe.
Ce serait le retour pur et simple à l'état antérieur. Pour aucun des Etats autrefois russes en
instance de reconnaissance officielle, la situation
juridique — il convient de le répéter — n'est
aussi nette et aussi favorable.

RICHESSES NATURELLES

Ce n'est pas tout que de demander le droit à la vie, il faut pouvoir prouver que l'Etat sollicitant cette faveur possède la vitalité économique nécessaire. Un coup d'œil jeté sur ses richesses suffira à prouver que tel est bien le cas de la Géorgie.

LE SOUS-SOL

Commençons d'abord par la partie du sous-sol sur laquelle nous avons des renseignements circonstanciés, soit l'ancienne Géorgie et l'Abkhazie. Voyons les richesses qu'elle contient au point de vue minier. Encore peu connue au point de vue géologique — et de ce fait elle nous réserve mainte surprise, — la Géorgie a déjà cependant de sérieuses raisons d'espoir d'un développement considérable. Dans les seules provinces de Tiflis et de Koutaïs et dans l'arrondissement de Soukhoum, l'administration des mines n'a pas noté moins de 450 points d'affleurement de 18 minerais utiles, en particulier le naphte (69 points de sortie), le cuivre (68), le charbon (63), le plomb (55), le manganèse (25), le fer (31), le pyrite et le soufre (23) le sel (22), le zinc (11), l'antimoine (8), et quelques indications d'or.

Il convient de donner des détails sur les principales richesses minières exploitées, d'après les renseignements officiels concernant l'ancien territoire. Nous verrons après ce qui concerne Batoum et sa région.

Manganèse. — C'est le minerai le plus important de la République. Tchiatouri (province de Koutaïs), est à cet égard le gisement le plus important du monde entier. La teneur en manganèse du pyrosulfite est de 55 %. Le gisement a une superficie de 125 à 130 kilomètres carrés en couches de 2 à 3 mètres et on estime la réserve à 90 millions de tonnes. Le minerai est facilement exploitable. En vingt-deux ans, de 1895 à 1916, les mines de Tchiatouri ont exporté plus de dix millions de tonnes dont 43 % en Allemagne, 25 % en Angleterre, 12 % en Belgique, 6 % en Amérique et 5 % en Russie. Les autres pays — y compris la Russie — ne représentent au total que 9 %. On sait qu'aucun pays au monde ne peut être comparé, même de loin, à la Géorgie, pour l'exportation du manganèse. Elle exporte à elle seule plus de la moitié de la production mondiale. Le dernier chiffre connu, celui de 1913, donnait le chiffre de 965,000 tonnes.

Charbon. — Il en existe deux gisements principaux : celui de Tkvibouli (est de Koutaïs), et celui de Tkvartchéli, à 26 kilomètres d'Otchemtchiri sur la mer Noire (sud-est de Soukhoum). Le premier seul, cependant, est en complète exploitation et on en estime la réserve à 96 millions de tonnes. La couche principale atteint 25 mètres et le charbon produit donne 6500 à 7500 calories. Les moyens d'exploitation laissent encore à désirer et le mode de traitement est assez primitif, de sorte qu'il n'est pas possible actuellement d'en tirer du coke appréciable et toute la gamme des produits secondaires. Un charbon inférieur mais utilisable pour le chauffage des habitations s'exploite dans le voisinage de Guélathi.

Plus important que Tkvibouli est le gisement de Tkvartchéli. La réserve en est de 216 millions de tonnes, en couches puissantes et ininterrompues. Le charbon, qui égale les meilleurs du Monmouthshire, va jusqu'à 9000 calories et serait utilisable pour la métallurgie. Les difficultés provenant des conditions géographiques défavorables peuvent être aisément surmontées par le procédé du téléférage aboutissant directement aux bateaux dans le port d'Otchemtchiri.

On s'attend à trouver ailleurs encore d'autres gisements. En 1913 la production totale de la houille ne dépassait pas 71,000 tonnes.

Tourbe. — Ce combustible se trouve en abondance dans les environs de Poti où on estime à 55,000 hectares la superficie des terrains tourbiers sur lesquels se font actuellement d'actives recherches.

Cuivre. — Celles de ces mines qui offrent une importance pratique se groupent vers Allaverdi (sur la ligne de Tiflis à Kars), au village de Beliokani (arrondissement de Zakathali, à l'est de Tiflis) et dans les environs du Kazbek (grande chaîne du Caucase). L'usine d'Allaverdi, qui est aux mains d'une compagnie française, est montée pour fondre plus de 3200 tonnes de cuivre par an. Elle a une réserve déjà prospectée et préparée de 64,000 tonnes de minerai d'une teneur de 3,8 à 7 %. On installe actuellement des fours en zinc pour traiter cette réserve dès que les circonstances le permettront. On s'attend à retirer du traitement passablement de pyrite et de zinc. En vingt ans, on a extrait de ces mines 640,000 tonnes de minerai. Par tonne, le cuivre d'Allaverdi donne 12 grammes d'or et 703 d'argent.

A Chamblongh et Chagali-Eliaz, il y a des mines de cuivre de valeur secondaire.

Celles de Beliokani sont importantes comme gisement, mais la teneur du minerai est inférieure à 4 %. Dans le voisinage, des travaux de prospection sont en cours dont on espère beaucoup. Quant aux gisements du Kazbek, sur l'ancienne route militaire, ils paraissent aussi fort sérieux.

Le cuivre obtenu dans les mines géorgiennes dont nous avons parlé est retravaillé, à Tiflis, dans une usine de laminage dont la production est de 480,000 kilos. Les $^9/_{10}$ en sont exportés.

Naphte. — Bakou est trop près pour que l'espoir de trouver des huiles minérales n'ait pas été caressé. Nombreux ont déjà été signalés les points de sortie du naphte, mais jusqu'ici la valeur pratique des gisements n'est pas encore déterminée. Les recherches continuent et on espère trouver des terrains ayant une valeur industrielle plus directe.

C'est en Kakhéthie que l'exploitation du naphte promet le plus de résultats, principalement dans la région de Moukhzovani-Nerio, dans la steppe de Chirak, dans les environs d'Ildokani, de Takhoveli. Le naphte de cette région est léger, riche en benzine et en pétrole. Une densité de 0,840 et une teneur en benzine de 25 % constatée sur divers points, permettront des entreprises rémunératrices.

Dans les autres districts, les recherches ne sont pas encore assez avancées pour qu'on puisse échafauder des rêves d'avenir.

A noter aussi, dans le même genre de substances, les affleurements d'asphalte du district d'Ozourguethi, et d'ozokérite de celui de Koutaïs.

Autres minerais. — Ils sont nombreux mais ont moins d'importance économique pour le pays.

Le *plomb* et le *zinc* sont assez importants dans les minerais de cuivre d'Allaverdi et de Chamblongh pour les exploiter en même temps.

L'*antimoine* se trouve dans les schistes de la grande chaîne, près du Kasbek, entre autres près du village de Clala. Il pourrait être exploité.

Le *pyrite* et le *sulfure de mercure* se trouvent aux mines d'Allaverdi, dans le district d'Ozourgheti et aux environs de Kobi (district de Doucheti, au nord de Tiflis), sur la grande route de la Ciscaucasie.

Nous avons vu qu'on trouve de l'*or* mêlé au cuivre d'Allaverdi. Il y en a aussi des indices en Svanétie et dans le district de Bortchalo.

On trouve encore de la *pierre à ciment* le long de la grande ligne de chemin de fer et de la route militaire du Caucase vers Passanaour ; de la *pierre lithographique* à ce dernier endroit, dans le district voisin de Tioneti et ailleurs encore ; de l'*argile à poterie* et de l'*argile réfractaire* — on l'exploite à Chrocka — dans les districts de Koutaïs et de Chorapan ; le *baryte*, exploité dans les mêmes districts ; l'*arsenic*, le *gypse* et le *grès pour les pierres meulières*, dans la province de Koutaïs ; l'*ocre* dans cette même province et dans le district de Gori ; enfin, le *sel* à Moukhrovani, dans plusieurs lacs de l'est et au village de Malkhazovka.

Eaux minérales et boues. — Les *eaux minérales* sont célèbres en Géorgie ; les eaux chaudes ont donné leur nom à Tiflis ; il existe déjà de nombreuses stations climatériques ou sanitaires. Borjom et Abastouman ont des établissements à l'européenne fort sérieux. Il y en a beaucoup d'autres dont nous pouvons citer quelques-unes. Parmi les sources alcalino-sulfureuses : les sources de Tiflis (température de 28 à 47,5° ; débit journalier, 1600 m³) ; celle de Tskaltoubo (34-35°, 2500 m³) ; de Zékari (35-36°, 2500 m³) ; Tsikhi-Djaveni (33°, 2700 m³), cette dernière station dans la montagne.

Parmi les sources bicarbonatées-ferrugineuses, mentionnons Outsera près d'Oni (11-14°, 32,000 litres).

Dans le même groupe, citons Platen (13-15°, 75,000 litres) ; Chovi (11°, 10,000 litres) ; Ouraveli (district d'Akhaltsikhé, (15°, 65,000 litres) et les sources froides de Kobi, sur la route militaire, dont le débit est considérable.

Quant aux *bains de boues*, précieux au point de vue thérapeutique, ils sont connus des paysans qui les utilisent, mais leur utilisation médicale est encore rudimentaire.

Les richesses minières de la région de Batoum. — En dehors des deux provinces de Tiflis et de Koutaïs et de l'arrondissement de Soukhoum qui ont été de la part de l'administration des mines, l'objet des études spéciales que nous venons de résumer, il y a dans l'ancien arrondissement de Batoum et dans celui d'Artvine, immédiatement plus au sud, — les plus riches de Géorgie au point de vue minier — de nombreux gisements. Les deux mines de cuivre de Dzansoul et Kvartskhana, exploitées à l'américaine, sont les meilleures de la Transcaucasie et peuvent produire plus de trois millions de kilogs de cuivre par an. Dzansoul a une réserve de métal de 64,000 tonnes et dans le gisement de Kvartskhana il y a 560,000 tonnes de minerai d'une teneur moyenne de 6 à 7 $\%$.

On trouve aussi dans ces arrondissements du plomb et du zinc, du manganèse, du pyrite et de l'or le long du Tchorok.

Ce n'est pas s'avancer que de prédire un bel avenir à la Géorgie minière et thermale, cette dernière étant en partie subordonnée au développement de l'industrie hôtelière.

LE SOL

Cultures et productions. — Ce sont celles qu'indique un climat allant de celui de l'Italie à celui des hautes Alpes, étant données les énormes différences d'altitude entre le bord de la mer et les hautes vallées de la chaîne du Caucase. Il en résulte une grande variété de cultures et de produits. La latitude du Caucase est celle des Pyrénées, mais la chaleur des étés fait que la ligne moyenne des neiges éternelles (de 2900 à 3500 mètres) se trouve à 600 mètres plus haut que dans les Pyrénées.

Le régime des pluies est extrêmement variable, le maximum étant dans la région du Caucase et dans celle du chaînon transversal de Souram qui réunit à une altitude relativement basse le Caucase à l'Anticaucase. Tandis qu'à Poti la moyenne annuelle des pluies est de 1 m. 76 et monte à 2 m. 40 à Koutaïs, elle s'abaisse à 0 m. 47 à Tiflis.

Elisée Reclus a dit de la Géorgie : « Ce pays, l'ancienne Colchide, n'a pas d'égaux dans le monde pour la magnificence de la végétation, la fécondité naturelle du sol, les richesses de toute nature. »

L'olivier forme sur la côte, dans les environs de Batoum, de véritables forêts. Une fois passée la zone côtière, parfois marécageuse, le territoire devient d'une fertilité excessive et, comme il est extrêmement bien arrosé, il permet les cultures les plus diverses. Parmi les céréales, on cultive surtout le blé d'hiver et le maïs. En outre, on y récolte le riz, le vin, le coton, le tabac, le thé, des fruits de toute sorte. Sous le rapport agricole, les réalités sont déjà fort belles et les perspectives sont plus belles encore, car le pays a été négligé, ayant mis pendant trop de siècles le meilleur de son effort à se défendre. Si la Russie avait su mettre en valeur ces richesses naturelles, le pays aurait pu atteindre un haut degré de prospérité, mais les moyens de communication étaient insuffisants, l'enseignement technique presque nul et les exigences du fisc empêchaient le développement des initiatives.

Quelques mots sur les principales cultures. Les *céréales* croissent dans tout le pays — l'orge jusqu'à 2400 mètres d'altitude : elles recouvrent un million d'hectares et produisent 800,000 tonnes. Dans l'ouest, c'est surtout le maïs qui est cultivé et on en exportait 48,000 tonnes par année avant la guerre. Pendant la période précédente, on a diminué les emblavures au profit de la vigne et du coton, plus lucratifs.

Le *vignoble* occupe 70,000 hectares, surtout en Kakhéthie dont les produits tant en quantité qu'en qualité — on compare certains d'entre eux aux meilleurs bourgognes — tiennent le premier rang dans tous les pays russes. Le meilleur vin de Kakhéthie, celui de la vallée de l'Alasan, s'obtient à l'altitude moyenne de 750 mètres. Ce vin est excellent, disons-nous, à une condition cependant, c'est qu'il ne soit pas conservé dans des outres de peau qui lui donnent un goût *sui generis* auquel les Européens ont peine à s'accoutumer. L'oïdium et le phylloxera ont malheureusement fait des ravages dans le vignoble. Si on en croit certains savants, la vigne serait originaire du Caucase comme le noyer.

La *culture fruitière et maraîchère*, surtout les fruits qui sont particulièrement exquis dans cette contrée, occupait avant la guerre la première place sur le marché russe. Elle est encore susceptible d'une grande extension. Là encore grande variété. Dans la province de Batoum, ce sont les oranges, les mandarines, les citrons, les olives qui dominent et dans les autres les pommes, les poires, les pêches, les abricots, les cerises, les prunes, les noix, les raisins qui sont tout particulièrement renommés.

C'est sur le littoral de la mer Noire, en Abkhazie, que se cultive principalement le *tabac*. Sur 130 millions de kilos qui s'y récoltaient annuellement, plus de la moitié venait du district de Soukhoum. On n'y récolte pas les qualités inférieures. Ce sont des tabacs particulièrement recherchés pour la cigarette. Le tsar et la famille impériale ne fumaient que du tabac de cette région. Il surpasse en qualité les meilleurs tabacs de Macédoine. Pour donner une idée de la qualité, il suffira de dire que, avant la guerre, le kilog de tabac de Soukhoum se vendait 6 francs, presque le double de celui de Trébizonde, pourtant très recherché.

Ce n'est qu'au début de ce siècle qu'on a commencé sérieusement la culture du *coton* qui a pris surtout de l'extension dans la Géorgie orientale, dans les vallées de la Koura, de l'Alasan et de la Jora et dans le district de Bortchalo, au sud de Tiflis. Dans cette partie du pays, c'est surtout le coton américain qui est en faveur tandis que c'est le coton égyptien qui convient au climat humide des provinces occidentales. Le coton géorgien trouvait, avant la guerre, un débouché immédiat dans l'industrie textile de la Russie et de la Pologne.

Le *thé* représentait, avant 1914, un terrain de culture de 1000 hectares des régions de Batoum et d'Ozourgheti, produisant environ 200,000 kilos, consommés exclusivement en Russie.

On a aussi essayé d'acclimater la culture du *camphrier*.

Parmi les *plantes médicinales*, citons le ricin, exporté en Russie pendant la guerre, le réglisse et la feuille de laurier qui s'expédient en Europe.

La *sériciculture* est assez développée ; en 1914, il a été vendu de grosses quantités de cocons qui contribuaient à alimenter les marchés de Milan et de Lyon, ce dernier par l'intermédiaire du port de Marseille. Ces cocons sont aujourd'hui très demandés vu leur qualité exceptionnelle.

Le *cheptel* est important comme dans tous pays où la montagne tient une large place. C'est la principale des ressources agraires du pays. L'élevage du bétail est une des grandes richesses du pays et, depuis la fin du XIXe siècle on améliore sensiblement les procédés d'élevage. Il a été importé du bétail suisse qui contribue à la sélection.

On compte dans le pays plus de deux millions de moutons et de chèvres et environ un million et demi de têtes de race bovine (presque autant qu'en Suisse), y compris les buffles, 250,000 chevaux et quatre millions de porcs.

Le mouton, dont la laine et la viande sont excellentes, est de race indigène. En ce qui concerne le bétail bovin, les races du Simmenthal et de Schwytz se sont bien acclimatées. Grâce aux fermiers suisses installés dans les plateaux alpins, l'industrie laitière, principalement le *fromage*, s'est beaucoup développée. En Russie, le « bortchalo », nom sous lequel on désigne une des meilleures qualités de fromage géorgien, est extrèmement populaire dans tout le pays. Vous y demandez un « bortchalo » comme vous demandez un gruyère à Paris.

Faune. — Il y a une race indigène de cheval, d'une remarquable endurance. La faune indigène est représentée entre autres par une sorte de bouquetin appelé *tour* (djikhvi).

Très prospère, l'*aviculture* permettait, avant la guerre, d'exporter, en Europe occidentale, vingt-cinq millions d'œufs.

Les côtes de Géorgie et les fleuves fournissent le pays d'excellents *poissons* d'eau salée et d'eau douce, entre autres les succulentes truites des torrents de montagnes.

Quant au *gibier* il est assez abondant et analogue à celui d'Europe : faisans, lièvres, cerfs, etc., qui se développent avec facilité dans un pays aussi boisé que l'est la Géorgie.

Forêts. — Un paragraphe spécial doit être consacré aux forêts, vu leur importance exceptionnelle et le fait que le bois a toujours été la principale des exportations du pays. Elles occupent 2,800,000 hectares, le 39 % du territoire, une proportion que, parmi les Etats européens, la Norvège, la Suède et la Russie dépassent seules. On calcule que 150,000 hectares suffiraient aux besoins du pays en bois, tout le reste pouvant servir à l'exportation. Le gouvernement actuel a compris l'importance des forêts au point de vue du climat et de la protection des plaines contre les ravages des eaux. Il a nationalisé les forêts et pris toutes les mesures pour une exploitation rationnelle. Il compte former, en Suisse et ailleurs, des spécialistes de la culture forestière qui aménageront scientifiquement les forêts géorgiennes qui furent longtemps négligées quand elles n'étaient pas mutilées par les paysans. Elles représentent, une richesse considérable, tant par la qualité de leurs essences que par leur variété. On compte, en effet, plus de 300 espèces diverses d'arbres et d'arbustes, dont une centaine au moins sont propres à la Géorgie. Sur l'ensemble, il y a un quart de conifères et trois quarts d'espèces feuillées. Les plus répandues sont le hêtre qui fournit un excellent bois de travail aux menuisiers, ébénistes, tourneurs, carrossiers, et le chêne qui, en plus, est précieux aux tanneurs à cause de son écorce.

Parmi les conifères, le pin et le sapin qui donnent des matériaux de construction, fournissent aussi de la térébenthine et de la colophane.

C'est la Géorgie occidentale qui possède la plus grande diversité d'essences : oliviers vers Batoum : chênes, charmes dans le bas ; le hêtre à mi-côte, et dans les régions élevées le bouleau, le pin, le sapin. Ci et là, le laurier, le châtaignier, le rhododendron rouge, l'azalée dont la couleur rouge-sang donne, en automne, une teinte superbe aux forèts.

Dans la vallée de la Koura, les conifères dominent. En Kakhéthie, c'est le hêtre et le chêne dans les parties élevées et, plus bas, l'arolle et le tilleul, le châtaignier, le buis, dont on fait des meubles, et le noyer qui passe pour un arbre indigène.

Une essence particulièrement précieuse qu'on trouve surtout dans l'ouest est le samshit, palmier caucasien, l'arbre de fer, dont le bois est recherché des tourneurs et des graveurs sur bois et dont les déchets servent à la distillation du vinaigre, de l'esprit-de-vin et de la créosote. Ajoutons-y le sumac, qui sert aussi au tannage et à la fabrication des couleurs organiques pour les étoffes et les cuirs : le sorbier et l'aune servent au même but.

Ce simple aperçu suffit à donner une idée de la richesse latente des forèts géorgiennes dont le tiers est encore vierge et inexploitable, vu l'insuffisance des moyens de communication. La houille blanche, si abondante, aidera dans la suite à les mettre en exploitation : c'est ainsi que l'industrie de la pâte de bois a en Géorgie un très bel avenir.

Les forêts géorgiennes sont en général remarquables par la taille et la beauté des arbres qui les forment.

On calcule que les arbres de grosseur moyenne produisent aisément de 12 à 30 stères de bois. Il y a une grande quantité d'arbres géants, surtout des noyers et des châtaigniers. On les mesure au nombre d'hommes qu'il faut pour les entourer les bras en croix et il n'est pas rare d'en trouver qui représentent huit à dix fois cette mesure, ce qui équivaut à une quinzaine de mètres de circonférence. On raconte que, lorsqu'un paysan veut se construire une maison, un seul arbre fournit tout le bois nécessaire à l'immeuble. Avant la guerre on vendait souvent jusqu'à 12 et 1500 roubles (environ 4000 francs) un seul arbre.

LE GOUVERNEMENT ET SA TACHE

Elu directement par délégation de l'Assemblée
constituante le gouvernement de la République
est composé de cinq ministres dont le président
est, comme c'est le cas en Suisse, président de
fait de l'Etat. C'est actuellement M. Noé Jordania, un homme qui a passé six ans à Genève
où il a fait toutes ses études. Il a, avec la prési-
dence du conseil sans portefeuille, le titre de
représentant supérieur de la République géorgienne. Son vice-président, M. S. Guéguetchkory, comme lui ancien député à la Douma,
dirige les affaires étrangères et la justice. Les
trois autres ministres sont MM. Ramichvili
(intérieur, guerre, instruction publique), K. Kan-
deleki (finance, commerce, industrie), et Khomé-
riki (agriculture, voies et communications, travail). C'est un cabinet politique. Pour les affaires
administratives, chaque département a à sa tête
un sous-secrétaire qui peut assister avec voix
consultative aux délibérations du cabinet pour
les affaires de son ressort.

Ce gouvernement a fort à faire à réorganiser
le pays, à transformer celles des institutions

tsaristes susceptibles de convenir au nouvel état social et à supprimer celles qui ne conviendraient plus à l'orientation politique actuelle.

Les ministres font tous partie de la gauche social-démocrate, mais ce ne sont nullement des communistes ; la séparation d'avec les bolchévistes a même contribué au retour à l'indépendance. Ils se trouvent en face d'une situation difficile où tout est à faire ou à refaire, les Russes n'ayant jamais considéré le Caucase qu'au point de vue militaire. Il est à noter en effet que le peu de capitaux extérieurs employés en Géorgie venaient de France, d'Angleterre, de Belgique et d'Amérique sans qu'il y ait un rouble de capitaux russes, ce qui donne un argument de plus dans le sens de l'indépendance.

Devant les nécessités de la situation et du budget qui, pour l'année du 1er juin 1919 au 31 mai 1920, est évalué à 797 millions de roubles, le gouvernement a dû se lancer dans la voie des monopoles. Les pays ayant pris part à la guerre ont dû faire un effort financier tel qu'il est impossible de faire face aux dépenses au moyen des impôts ordinaires. Les monopoles déjà établis sont ceux sur les produits du naphte et sur le sucre. D'autres sont à l'étude : le gouvernement se propose de demander à ces monopoles la moitié des recettes totales.

Le naphte recueilli en Géorgie ne dépasse pas pour le moment 9000 tonnes par an ; ce n'est qu'un début et on compte arriver rapidement à une production suffisante pour satisfaire aux besoins du pays. Pour le moment, il faut recourir à l'achat du pétrole de Bakou : il en est importé 350,000 tonnes par an. Le monopole a permis de baisser de 50 $\%$ les prix des produits du naphte. L'énorme consommation du naphte en Géorgie vient de ce que l'industrie et les chemins de fer l'emploient comme combustible et de ce que la population rurale se sert exclusivement de pétrole pour l'éclairage.

Quant au monopole du sucre, il est basé pour l'instant sur le système du troc : le gouvernement en a obtenu de l'Ukraine au moyen d'importants stocks de tabac.

Les deux monopoles existants doivent rapporter par la suite, approximativement, 70 millions de roubles.

Le premier budget de la République

Il convient de jeter un coup d'œil rapide sur le premier budget régulier de la République. La somme colossale à laquelle il monte, près de 800 millions de roubles, s'explique par le fait de la dépréciation formidable des valeurs en circulation dans le pays, dépréciation qu'on peut estimer à 19/20 du chiffre d'avant-guerre, ce qui représente au cours du rouble de 1914 une centaine de millions de francs. Voici comment il se subdivise :

Recettes

	Roubles
Biens de l'Etat et capitaux .	574.208.420
Impôts indirects . . .	89.247.000
Impôts directs	55.275.300
Droits divers	18.986.400
Monopoles d'Etat	7 948.392
Autres recettes	3.311.959
Remboursement des dépenses au Trésor	923.716
Total des recettes	749.901.187
Emission d'obligations du Trésor 5 % à court terme.	47.500.000
Ensemble. .	797.401.187

Les recettes attendues des biens de l'Etat et
des capitaux représentent à eux seuls les 3/4
des recettes. Les principales rubriques en sont
le revenu des forêts 30 millions, l'impôt foncier
et biens de l'état 60 millions, chemins de fer de
l'Etat 232 millions et les revenus provenant de
la réforme agraire, dont nous verrons plus loin
l'économie, 252 millions. Plus tard viendront
l'impôt proportionnel, l'augmentation des droits
de régie, le monopole sur le manganèse, le
tabac, etc.

Du côté dépenses, voici les principaux cha-
pitres :

Dépenses

Ministère des voies et communications	261.491.067

Report . .	261.491.067
Ministère de la guerre . .	251.246.399
» » l'intérieur . .	64.076.487
» » l'agriculture .	62.942.140
» » l'instruction publique.	37.527.447
» » la justice . .	23.111.790
» des finances . .	22.020.357
» » affaires étrang.	3.137.600
» du travail . . .	398.500
Présidence du conseil. . .	312.100
Assemblée nationale . . .	3.365.000
Cour des comptes. . . .	2.303 400
Total pour les ministères .	731.932.287

Les dépenses reportées de l'exercice précédent et non effectuées, les dépenses imprévues et l'amortissement des obligations du trésor 5 % à court terme (50 millions) sont à ajouter à ce chiffre et balancent les chiffres indiqués pour les recettes.

Un décompte intéressant indique que 45 % du total représente les dépenses productives destinées à favoriser le développement du pays, 31 % la défense nationale, 15 % les frais d'administration et 9 % les autres dépenses. La proportion des dépenses productives est extrêmement réjouissante.

Tout cela est d'ailleurs encore assez problématique ; quand il s'agit de tout créer, il est difficile d'estimer le rendement des diverses sources de recettes ; on est obligé d'aller un peu à tâtons.

La constitution

La Géorgie n'est pas encore assise de façon définitive : elle est en train de se donner une constitution, et la plus démocratique qui soit : à sa base le suffrage universel, direct et secret et aussi large que possible, sans distinction de sexe depuis l'âge de vingt ans, et avec application de la proportionnelle. Conformément à une tradition ancienne, puisque nous en avons vu les traces sous le règne de la reine Thamar, il y a sept siècles, les provinces auront une autonomie très étendue. Il ne suffit pas de la décréter, il faut donner à ces provinces les moyens de vivre. Leurs droits budgétaires ne sont pas encore déterminés, mais les principes en sont établis. Elles auront comme recettes les impôts immobiliers, l'Etat se réservant l'impôt progressif sur le revenu. En outre, l'Etat leur rétrocèdera le cinquième de l'impôt extraordinaire payable en une seule fois. Cet impôt créé en 1919 est de 3 % sur le bénéfice net réalisé par les entreprises, ce qui n'a rien certes de subversif.

De même que le suffrage universel est à la base de la constitution géorgienne, de même la commune est à la base de l'organisation politique. C'est quelque chose de nouveau pour ce pays. Jusqu'ici les villes seules avaient des municipalités électives et seules les classes aisées avaient droit de vote. La campagne n'avait aucun droit. Aujourd'hui le village est la cellule initiale, la plus petite unité du self-government rural. A elle le soin de gérer directement et de répartir les terres des fonds de l'Etat, conformément à la réforme agraire dont nous aurons à exposer l'économie. A elle aussi le soin d'organiser la police locale dont l'Etat prend à sa charge la moitié dans les villes, les trois quarts dans les campagnes. La compétence de ces conseils locaux est très étendue. Ce sont eux qui désignent leurs délégués pour former l'assemblée cantonale. A leur tour les délégués des assemblées cantonales d'une province désignent l'assemblée provinciale dont aucune ne doit dépasser 45 membres, ce qui est largement suffisant pour faire du travail utile.

Il y a donc au total quatre autorités successives : la commune, le canton, la province et l'Etat. Nous avons vu plus haut les bases financières sur lesquelles repose le budget de la République.

Le gouvernement espère pouvoir constituer un fonds spécial pour créer une Banque nationale, établir un système monétaire indépendant moins ruineux et liquider les bons émis actuellement en circulation. C'est un des points capitaux du programme de réorganisation financière.

Nous avons vu qu'au nombre des ressources de la République la propriété du sous-sol promet des revenus importants. L'Etat ne songe nullement à nationaliser les mines, mais à faire payer une redevance à ceux qui les exploitent, redevance proportionnelle à l'extraction du minerai.

On peut espérer aussi que la nationalisation des forêts permettra à l'Etat de rentrer dans des sommes de plus en plus importantes. Elles doivent être exploitées conjointement par l'Etat et les administrations provinciales.

La réforme agraire

Nous avons fait allusion à plusieurs reprises à la réforme agraire. Cette question particuliè-- rement épineuse et qui est à la base du problème russe, a été résolue en Géorgie sans aucune secousse et d'accord avec les grands propriétaires, malgré le caractère révolutionnaire du procédé.

Voici comment a été réalisée cette grande réforme :

Par décret du commissariat transcaucasien du 16 décembre 1917 et par loi de la Diète transcaucasienne des 7 mars et 2 mai 1918, toutes les terres appartenant aux particuliers, à l'Etat, aux monastères, etc., ont été aliénées sans indemnité au profit de l'Etat géorgien. Une réserve exclue de l'aliénation est prévue. Elle varie suivant la nature des cultures : 7 hectares 65 pour les hautes cultures (vigne, tabac, coton, etc.) ; 16 hectares 35 pour les céréales ; 43 hectares 60 pour les pâturages. Tels sont les maxima prévus à la propriété individuelle.

L'Etat s'est trouvé ainsi à la tête d'un domaine énorme: d'abord des terres ayant appartenu aux membres de l'ancienne dynastie, 269,230 hectares ; ensuite de 824,040 hectares de pâturages qui lui appartenaient déjà ou qui étaient propriétés particulières ; de 1,988,350 hectares de forêts domaniales et privées, enfin de 599,500 hectares de terres arables. Cela fait un total de 36,810 kilomètres carrés qui ont constitué le domaine du nouvel Etat.

Inutile de dire qu'il n'a pas conservé cette énorme surface. Les 599,500 hectares de terres arables ont été répartis entre les paysans dépourvus de terres ou qui n'en avaient pas assez. Elles leur ont été cédées en propriété personnelle à un prix modéré ou bien sur leur demande en propriété collective ou communale. Ce dernier mode de répartition est exclusivement prévu pour les terres à pâturage. Quant aux forêts, elles sont devenues propriété de l'Etat.

Ce sont les administrations locales qui sont compétentes pour la répartition des terres et pour leur gestion ultérieure. Il y a cependant un droit de priorité en faveur des administrations provinciales pour l'achat des terres mises en vente.

Cette grosse question de la réforme agraire, capitale au point de vue de l'agriculture, n'a soulevé aucune difficulté. Les gros propriétaires ont fait, sinon joyeusement, du moins de bonne volonté, le sacrifice d'une grande partie de leurs terres sur l'autel de la reconstitution nationale.

Pour assurer le succès de cette réforme et l'usage judicieux des terres cédées, il a été institué des conseils agronomiques qui éclaireront la population agricole et lui donneront les renseignements techniques et économiques nécessaires.

———

L'ÉTAT SOCIAL

La justice

L'organisation de la justice a dû être reprise par la base. Sous le régime impérial, la procédure se faisait exclusivement en russe, une langue que le peuple ignorait. On a vu de pauvres diables condamnés à être pendus sans avoir compris le moindre mot de ce qui leur valait la peine capitale. La justice était le châtiment et non le droit.

La réorganisation judiciaire n'est pas achevée : les principes généraux du statut judiciaire de la Russie ont été conservés à la base des lois, mais avec de profondes modifications dans le détail, afin de se conformer aux mœurs et aux besoins du pays. La langue géorgienne a été substituée au russe. Cependant on applique le principe éminemment libéral que tout procès pénal se fait dans la langue de l'accusé, en arménien pour un Arménien, en turc, en russe, en grec s'il y a lieu. Le jury, qui n'existait pas sous le régime russe, a été institué pour les affaires de droit

commun d'une certaine importance et sa compétence s'étend à la peine à appliquer comme au
verdict de culpabilité.

Juges d'instruction et juges de paix sont élus
par les organes locaux. Ils sont inamovibles.

Comme organe supérieur chargé de veiller au
maintien des principes de la justice, il y a le
Sénat de la République géorgienne qui équivaut
au Tribunal fédéral pour la Suisse.

L'instruction publique

Un autre domaine qui exigeait une refonte
complète, c'est l'enseignement, qui demeurait
toujours suspect sous le régime tsariste. D'après
le projet déposé à l'Assemblée constituante, l'é-
cole géorgienne comprend trois types d'établissements d'instruction publique. En bas, l'enseignement primaire gratuit, obligatoire et laïque
pour tous les enfants de cinq à onze ans. Ceux qui
en sortent sont admis sans examen dans les établissements préparatoires aux lycées qui comprennent quatre classes. Enfin dans les lycées
sont admis, toujours sans examen, les enfants
sortant des classes préparatoires.

Les deux premiers échelons, primaire et pré-
paratoire, sont placés sous la direction des
administrations provinciales et des municipalités, avec contrôle et surveillance administrative
du ministre de l'instruction publique. Ce dernier
s'occupe seul du troisième échelon, les lycées.

Comme couronnement à l'édifice, il y a l'Université de Tiflis, qui possède ses cinq facultés : lettres, sciences, droit, médecine, sciences sociales et économiques. Il y a en outre en voie de réalisation une école polytechnique qui formera les ingénieurs et techniciens dont le pays a besoin. En outre une école supérieure d'agriculture vient d'être créée à Tiflis.

L'enseignement postscolaire sera représenté par une Université populaire circulante organisée par l'Union des villes. Elle compte donner annuellement 320 conférences de littérature, d'histoire, de sciences sociales et politiques, d'hygiène, et des branches principales des sciences naturelles, tour à tour dans chacun des centres de quelque importance.

Tout était à créer dans le domaine de l'enseignement. On a procédé à un recensement des enfants en âge scolaire et on a déposé un projet de loi relatif à un impôt spécial. En outre, il a fallu préparer et éditer des livres scolaires en langue géorgienne. Il ne faut pas oublier, en effet, que, sous la domination russe, la langue géorgienne était rigoureusement bannie de l'enseignement public.

Aujourd'hui, à l'Université de Tiflis, tous les cours se donnent en géorgien. C'est une innovation qui a suscité des difficultés inattendues. Il a fallu rechercher dans les anciens livres scientifiques quantité de termes techniques qui avaient été complètement oubliés faute d'usage pendant le siècle de domination russe et refaire ainsi la terminologie scientifique devenue insuffisante.

Il est à noter que les Géorgiens aiment beaucoup l'instruction. Le nombre des intellectuels est très nombreux relativement aux autres pays de l'immense Russie ; les paysans aisés envoyent volontiers dans les universités ceux de leurs enfants qui présentent des dispositions.

Pour ne pas faire aux autres ce dont ils ont souffert, les dirigeants se sont montrés en matière scolaire aussi libéraux que possible. Les allogènes, qu'ils soient arméniens, grecs, russes ou autres, peuvent avoir leurs écoles, gérées par eux-mêmes, subventionnées par l'Etat au prorata du nombre de leurs élèves et où l'enseignement se donne en leur propre langue. Pas besoin donc d'imposer aux Géorgiens le respect des droits des minorités ethniques. Ils le pratiquent déjà. Encore un point sur lequel certaines nations civilisées d'Europe pourraient prendre modèle.

Religions

Nous avons vu dans la partie historique que l'*Eglise de Géorgie* déclarée autocéphale au Vme siècle par décision d'un conseil œcuménique avait été privée en 1811 de son autocéphalie et soumise au Synode russe, cela par une décision non canonique. Le patriarcat fut donc supprimé. Dès le début de la révolution russe, en mars 1917, les évêques de Géorgie se réunirent et rétablirent l'autocéphalie de leur Eglise. Dejà au mois d'août de a même année les évêques se rassemblèrent à nouveau, cette fois avec les représentants du clergé et des paroisses, pour élaborer un nouveau statut de l'Eglise et pour désigner en la personne de l'archevêque Kyrion un nouveau patriarche. Il ne jouit pas longtemps de son élection, car il mourut en été 1918. Dès lors, a été élu à sa place le métropolite de Tiflis, Léonide, devenu catholicos, patriarche de Géorgie. Il a été solennellement consacré le 23 février 1919 dans la cathédrale de Mzkheti, l'ancienne capitale, restée métropole religieuse de la Géorgie.

Dès lors, le 5 juin, s'est réuni à Tiflis un pré-concile qui a préparé la convocation d'un concile de l'Eglise géorgienne qui aura à résoudre d'importantes questions, entre autres celle de la séparation de l'Eglise et de l'Etat qui s'est posée là comme ailleurs. En principe, le pré-concile s'est montré favorable à la séparation, mais avec conservation des droits juridiques du clergé.

Au point de vue religieux comme en ce qui concerne l'enseignement, la tolérance est absolue. Le respect des croyances est complet. Les musulmans, nombreux dans la province de Batoum et les districts de l'est, forment à peu de chose près le dixième des habitants. Ils ont pleine liberté pour l'exercice de leur culte. Eux qui sont si fanatiques dans l'Arménie turque ne le sont pas au Caucase. Dans le Lazistan, il y a par exemple nombre d'édifices religieux chrétiens très anciens, du temps où le peuple n'avait pas encore été musulmanisé. Les habitants se servent de quelques-uns comme de mosquées, mais ils les entretiennent tous pieusement, même ceux qu'ils n'utilisent pas. Ils les considèrent comme un reste du passé qu'ils respectent de façon touchante, donnant ainsi un rare exemple de tolérance et de respect religieux aux chrétiens de toute dénomination. Outre les musulmans et les catholiques romains, il y a nombre de grégoriens d'origine arménienne venus autrefois, refoulés par les invasions. Ils ont gardé leur religion et sont devenus tout à fait géorgiens au point de vue linguistique et national.

Enfin il y a un assez grand nombre d'israélites, surtout dans les villes. Ceux-ci qui sont très anciennement fixés dans le pays et parlent volontiers l'hébreu entre eux pour ce qui concerne les choses de leur religion, sont d'excellents patriotes géorgiens. Il est à noter qu'il n'y a jamais eu dans le pays une trace quelconque d'antisémitisme, à plus forte raison qu'il n'y a jamais eu de pogrom dans aucune ville du pays. La tolérance en matière religieuse est aussi absolue que possible.

L'armée

En attendant le moment béni où la Société des Nations entrée dans les mœurs, aura réussi à supprimer les armées, la Géorgie qui n'a aucune visée ambitieuse se voit obligée d'entretenir une armée permanente que les circonstances l'empêchent de restreindre comme elle le désirerait. Elle comptait 200,000 de ses enfants mobilisés dans l'armée russe, dont un très grand nombre ont laissé leur vie sur les champs de bataille des fronts orientaux. L'armée actuelle est, pour le moment, composée suivant les principes fondamentaux suivants : Il y a d'abord l'armée régulière permanente de toutes armes — l'ancienne armée au service russe — qui est complétée par voie de recrutement obligatoire de tous les jeunes gens en âge d'être appelés. Ce système de recrutement sera maintenu tant que la Géorgie n'aura pas été reconnue et que la neutralité qu'elle entend demander n'aura pas été proclamée et garantie par le droit international.

Il y a en second lieu le service volontaire qui forme la garde nationale. Elle est instruite par des officiers de carrière. En dehors des heures de service, les gardes nationaux, qui servent gratuitement, peuvent vaquer à leurs affaires. Ils gardent à domicile leur armement et leur équipement. La garde nationale n'est convoquée sous les drapeaux que sur l'appel des présidents du gouvernement et du Parlement. Elle est alors soumise comme l'armée régulière aux lois militaires.

Ce double système est provisoire. Dans l'idée du gouvernement et sitôt la situation normale rétablie, il n'y aura plus d'armée permanente mais seulement une milice organisée comme celle de la Suisse. L'Assemblée nationale a déjà accepté le projet sur la réorganisation complète de l'armée, d'après le modèle de nos milices.

Les Géorgiens qui ont fait maintes fois leurs preuves sur les champs de bataille ont montré ce printemps encore ce qu'ils valaient contre les troupes de Dénikine. Celles-ci ayant envahi le territoire de la République par Sotschi, le long de la mer Noire, ont été défaites au passage de la rivière Bzyb, près de Gagri, par l'armée régulière et la garde nationale et elles ont dû abandonner le district de Sotschi. Détail curieux, sur 80 officiers russes faits prisonniers par les Géorgiens, 34 ont pétitionné pour ne pas être renvoyés à l'armée de Dénikine.

On sait que, depuis, de nouvelles menaces ont surgi et qu'une convention militaire défensive a été conclue avec l'Azerbeidjan pour la protection réciproque des frontières des deux républiques.

Il résulte de documents publiés en septembre 1919 que le général Romanowski qui représente les volontaires de la Russie méridionale auprès du commandement allié à Batoum, demande de lutter contre la propagande géorgienne. On voit qu'il cherche à confondre volontairement le socialisme et le bolchévisme. Il demande à Dénikine de s'entendre avec les Anglais pour qu'ils prêtent leur appui à l'influence russe qu'il s'agit de rétablir dans ce pays. Il ne semble pas d'ailleurs que ses efforts soient couronnés du succès désiré, car il fait les aveux suivants : « En général, il faut obtenir des modifications dans l'attitude des Anglais à l'égard de la cause russe ; ils soutiennent ouvertement l'influence géorgienne, alors que, manifestement la cause russe ne leur est pas sympathique. »

Comme on le voit, Romanowski considère tout ce qui n'est pas la cause russe, soit celle de l'unité de l'ancien empire, comme une influence ennemie, principalement l'influence géorgienne dont la prépondérance s'explique par la race de la grande majorité des habitants. Cette attitude des Anglais s'est dès lors manifestement rapprochée davantage encore de la cause géorgienne. Un envoyé spécial britannique est actuellement à Tiflis.

ORGANISATION ÉCONOMIQUE

Voies de communication

Les chemins de fer sont à la base de la prospérité économique du pays. Ils sont encore assez peu développés. A part la ligne centrale qui traverse le pays de part en part, réunissant les deux mers, et la ligne qui, de Tiflis, va vers le sud, il n'y a guère que des lignes secondaires aboutissant à des centres miniers.

L'artère principale part de Batoum et de Poti — les deux embranchements se rejoignent à Samtredi, celui de Batoum, le plus long, ayant 99 kilomètres — et va directement par Tiflis à Bakou, sur la mer Caspienne. De Poti à Bakou, il y a 808 kilomètres de lignes, dont à peu près la moitié sur territoire géorgien.

De cette ligne partent une série d'embranchements déjà exploités. C'est d'abord, sur la gauche, une ligne qui va sur Koutaïs, la seconde ville du pays (80,000 habitants actuellement) et aboutit aux houillères de Tkvibouli (42 kilomètres). Peu après, encore du même côté, se détache le tronçon qui conduit aux gisements de manganèse de Tchiatouri (50 kilomètres).

Après la passe de Souram où le rail atteint
son point culminant (923 mètres), la grande ligne
envoie un rameau de 65 kilomètres au sud, vers
les bains de Borjom et la station climatérique
de Bakouriani. De Tiflis se détache vers le nord
le chemin de fer kakhétien qui appartient également, comme la grande ligne, à l'Etat, et qui a une
longueur de 160 kilomètres. Il court au travers
d'une contrée montagneuse et fertile, le pays du
fruit et du vin, vers Telavi et Signakh. Enfin,
de Tiflis également, part vers le sud une ligne
importante qui atteint Alexandropol, en Arménie, et de là se divise en deux embranchements,
l'un au sud-ouest, vers Kars et Erzeroum, et
l'autre passant par la vallée de l'Arax, au pied
de l'Ararat et allant jusqu'à Nakitschevan et en
Perse jusqu'à Tauris ou Tabris, la seconde ville
de l'empire du shah.

Au total, il y a actuellement dans le pays
825 kilomètres de lignes et le service n'y a pas été
interrompu un seul jour, même au temps de la
révolution.

Une nouvelle ligne, très importante, et qui est
actuellement en construction, longera la mer
Noire, et reliera les chemins géorgiens aux
lignes russes à Touapsé et à Novorossisk. On
prévoit, de cette ligne, un embranchement de
40 kilomètres pour la souder aux houillères de
Tkvartcheli dont nous avons dit le grand avenir.
Un port pourra être construit à leur intention, à

moins que l'on ne se contente de celui de Poti
qui n'est qu'à une centaine de kilomètres.

La Russie n'a jamais essayé de réunir la Géorgie à la Ciscaucasie par une voie ferrée : ses
lignes s'arrêtent à Wladicaucase. Elle s'est toujours contentée de ses deux routes militaires
qui sont d'ailleurs bien entretenues et relativement faciles. La première, dite route géorgienne,
part de Wladicaucase par la vallée du Térek,
par le défilé du Darial, longe le pied du Kazbek,
passe le col de la Croix, qui est entièrement sur
territoire géorgien, et descend sur Tiflis par
Passanaour, Doucheti et Mtskheti, l'ancienne
capitale. Le point culminant est à 2379 mètres.
Un chemin de fer est projeté suivant, à peu de
chose près, le même tracé.

La deuxième route militaire, dite ossétienne,
part sur territoire russe, au débouché de la vallée
de l'Ardon et de la localité de ce nom, passe au
pied de l'Adaï-Kokh, entre sur territoire géorgien, franchit le col de Mamisson (2825 mètres),
et descend sur Oni pour aboutir à Koutaïs par
la vallée du Rion. Il serait facile, par cette route,
d'établir pour les naphtes de Grosny, une pipe-
line qui les amènerait en 400 kilomètres à la
mer, tandis que la pipe-line actuelle de Bakou
en a plus de 800.

Il y a encore un autre passage qui abrègerait
encore davantage les relations entre le Caucase
du nord et la Géorgie, et il serait possible, sans
frais énormes, d'y construire une voie ferrée.

C'est celui qui remonterait la vallée de l'Ingour par Zougdidi et Djvari, franchissant le Caucase, à l'est de l'Elbrouz, et descendrait par la vallée du Bascan, en Kabardie, pour rejoindre la grande ligne de Wladicaucase, à Prokladnaïa, à une centaine de kilomètres de cette ville. Cette route mettrait Poti à 620 kilomètres de Petrowsk sur la mer Caspienne, tandis qu'il y en a 808 jusqu'à Bakou, 818 de Touapsé à Petrowsk et 909 de Noworossisk à Petrowsk. Ce serait donc la ligne ferrée la plus courte entre les deux mers. Cette ligne dont les pentes n'excèderaient pas 20 $^{00}/_{00}$, serait rentable immédiatement, parce qu'elle franchit des territoires miniers et forestiers de premier ordre et qu'elle serait vite célèbre par la beauté de ses paysages et par ses stations climatériques.

En dehors de ses chemins de fer qui sont susceptibles de développement, la Géorgie dispose d'un beau réseau de routes, d'environ 2000 kilométres. Ses fleuves ne sont pas navigables, sauf cependant le Rion, jusqu'à Orpiri, et le Tchorok jusqu'à Artvine.

Ses débouchés commerciaux sont assurés par deux ports principaux, Batoum et Poti, sans compter ceux de Soukhoum, sûr et facile, de Gagri et de Sotschi, en Abkhazie, et, sur cette même côte, ceux qui sont en projet, à Pitsunda, à l'embouchure du Bzyb, et à Otchemtchiri pour les houillères de la région.

Poti, le port principal avec Batoum, est à l'embouchure du Rion, l'ancienne Phasis des anciens. Il a, environ, 2 kilomètres de quais, avec une profondeur de 7 m. 92 à 8 m. 60, un réseau important d'embranchements ferroviaires et de vastes entrepôts. Le ministre des finances estime à cinq millions et demi les recettes des trois ports de Poti, Soukhoum et Gagri pour 1919. On y a entrepris des travaux importants d'amélioration et d'approfondissement qui, en 1919, devaient absorber deux millions.

Il y a un accord entre les chemins de fer de la Transcaucasie et les compagnies de navigation de la Caspienne et de la mer Noire, pour le transport direct des marchandises. Une puissante compagnie, la Société de transports géorgienne, au capital de 100 millions de roubles, organise les communications. Elle a acquis des docks, des bateaux, du matériel de transports maritimes, des ateliers, des autos et autres moyens de transport terrestre.

On travaille

Dans d'autres domaines, la Géorgie est gênée par sa situation financière et l'absence de monnaie nationale. Sitôt que ce sera possible, elle compte avoir sa Banque nationale et sa monnaie indépendante du rouble. Ce ne sera d'ailleurs qu'une résurrection, car la Géorgie a eu, autrefois, ses monnaies spéciales.

Elle a déjà commencé l'organisation de ses postes, télégraphes et téléphones et a réussi à multiplier ses stations ; elle possède, depuis le 26 mai, ses propres timbres-poste.

Pour le moment il a fallu, au point de vue économique, prendre une série de mesures transitoires propres à parer aux circonstances et à lutter contre la spéculation. Pour cela, l'Etat a gardé des droits spéciaux pour les denrées de consommation courante — naphte, alcool, sucre, étoffes — et celles qui peuvent servir de matières d'échange, à un moment où les billets de banque n'ont qu'une valeur relative. C'est principalement le cas du tabac, du manganèse et du bois.

Depuis février 1919, l'exportation du manganèse a repris ; de même celle du charbon de Tkvibouli. Quant au tabac, il y en a des réserves considérables. La Géorgie en a produit, en moyenne, de 1914 à 1916, dix millions de kilos, dont 1,600,000 kilos suffisent au marché local. L'exportation ayant été réduite ces dernières années, il y en avait en réserve dans les plantations et entrepôts, seize millions de kilos qu'il est impossible de manufacturer sur place. Le gouvernement en a fait un objet d'échange ; nous avons dit que c'est au moyen de son stock de tabacs qu'il a obtenu du sucre de l'Ukraine.

Nous avons parlé, plus haut, du naphte qui est monopolisé en ce qui concerne la production et la vente. Le naphte de Bakou, nous l'avons dit, est amené directement de Bakou à Batoum par une pipe-line qui a recommencé à fonctionner régulièrement, à nouveau, depuis le 12 décembre 1918.

Coopératives et syndicalisme

Dans le domaine coopératif, la Géorgie est en avance sur beaucoup de pays. Les coopératives de Tiflis qui ont joué leur rôle dans le ravitaillement du pays, ont constitué une Union pour l'approvisionnement de la ville, — Tiflis compte à peu près 400,000 habitants. Cet été s'est tenu un congrès des coopératives qui a fondé une Union de toutes les coopératives de la République, assez puissante pour fixer des prix fermes et lutter contre la spéculation. Cette Union a posé les bases constitutives d'une Banque coopérative au capital de cinq millions de roubles, en 5000 actions de 1000 roubles. Les coopératives de consommation sont au nombre de 850, et il y a, en outre, 400 établissements de crédit. Ces sociétés possèdent leurs propres boulangeries, des savonneries. des sécheries, des ateliers de mécanique et même une fabrique de conserves.

En même temps que se tenait à Tiflis le congrès des coopératives de Géorgie, se fondait dans la même ville un organe central pour toutes les coopératives de Transcaucasie, englobant les sociétés de l'Azerbeidjan et de l'Arménie. Il s'interdit toute action politique et se borne à une action économique, chaque Union ayant ses fonds constitués par un prélèvement sur les bénéfices nets. Vu les particularités économiques de chaque République, il y aura, pour chacune d'elles un centre coopératif indépendant, mais ces trois centres coordonneront leurs travaux et feront, dans la mesure du possible, leurs achats en commun. Ce programme sera réalisé par le « Conseil de l'Union des coopératives de Transcaucasie », élu par le Congrès qui s'est tenu au début de juin 1919. Il est mis à sa disposition quelques centaines de mille roubles.

Dans un Etat démocratique, la question des syndicats ouvriers tient une place importante. Elle a été réglée comme suit :

Les syndicats s'organisent par voie de simple déclaration. Cependant, ils sont tenus de se faire enregistrer dans les organes de l'administration locale élue, s'ils désirent acquérir la personnalité juridique. Dans ce cas, les syndicats sont soumis à certaines formalités. L'enregistrement ne peut leur être refusé que s'ils n'ont pas satisfait à ces formalités. Le Tribunal d'arrondissement fonctionne comme organe d'appel en cas de refus d'enregistrement.

L'inventaire et les capitaux des syndicats dont il n'est pas tiré bénéfice, sont exempts de tout impôt.

Les patrons, les administrations, de même que toute personne empêchant un membre de syndicat ou un syndicat d'exercer ses droits, sont passibles de prison. Les syndicats jouissent d'une entière liberté quant à la réalisation des buts qu'ils poursuivent, si ces derniers ne sont pas interdits par la loi.

Là encore le libéralisme le plus large est à la base de la législation.

L'industrie

La Géorgie a, pour principale richesse, les ressources du sol. L'industrie proprement dite y est encore peu développée et la plupart des objets manufacturés viennent du dehors. Il y a cependant déjà quelques fabriques : des raffineries de pétrole à Batoum, des tanneries, des fabriques de cigarettes, des savonneries, des huileries, des raffineries d'alcool et de cognac, des minoteries, des brasseries, des fabriques de sucre, des ateliers de constructions mécaniques, des briqueteries, des usines pour le nettoyage du coton, des fabriques de térébenthine, des scieries, des verreries et, depuis peu, des fabriques de meubles en bois courbé, sans compter les stations électriques et, bien entendu, les mines auxquelles nous avons consacré un chapitre spécial, ainsi qu'à l'exploitation des sources minérales. Le tourisme est déjà développé dans certaines stations, particulièrement connues, mais il est susceptible d'un avenir brillant, quand l'industrie hôtelière aura mis en valeur la beauté des sites et la valeur curative des eaux.

Pour cela aussi, la houille blanche jouera son rôle en facilitant la création de lignes de montagne. Sous ce rapport, peu de pays sont mieux dotés par la nature. Les calculs sommaires des ingénieurs estiment à quatre millions de HP la force latente des torrents de la Géorgie.

Le gouvernement actuel est tout disposé à favoriser la création de nouvelles industries. Tout récemment, il a décidé de procéder à des essais en grand pour la fabrication du sucre d'érable, extrait de la sève de cet arbre, si commun dans les forêts géorgiennes. Un érable peut donner jusqu'à sept livres de sucre, d'excellente qualité, qui se présente sous forme de sirop épais, de couleur brune, ou de tablettes jaunâtres.

Il est question, en outre, de transférer en Géorgie certaines usines, évacuées antérieurement de Pologne en Ukraine, principalement des usines de produits chimiques et de métallurgie. Une conférence a eu lieu, à ce sujet, entre des capitalistes polonais et les ministres géorgiens qui semblent disposés à faire d'amples concessions pour favoriser le développement industriel.

SITUATION POLITIQUE ACTUELLE

Le pays dont nous venons de décrire brièvement l'histoire, les ressources et les institutions, est, comme nous l'avons vu, dans une situation internationale fausse. Il est indépendant de fait, mais pas encore de droit. Il a fait revivre l'état antérieur au traité signé avec un Empire qui n'existe plus et qui pèse encore de tout son poids sur son ancienne victime. L'unanimité de son Conseil national, et plus tard de l'Assemblée Constituante, tous deux élus sur la base la plus démocratique possible, ont demandé le retour à l'indépendance, l'application des principes de M. Wilson, de libre disposition des peuples, mais ils se heurtent à l'indifférence de la Conférence de paix, aux promesses faites à Koltchak et à Denikine, et au désir de certains peuples de voir ressusciter, territorialement, sauf pour la Finlande et la Pologne, l'ancien empire russe qui pourrait redonner de la valeur aux emprunts de jadis.

On sait que, dans l'accord signé le 27 mai 1919 par l'Entente, avec l'amiral Koltchak, figure à l'article 5, le texte suivant :

« Dans le cas où la solution des relations entre la Russie d'une part, l'Esthonie, la Lettonie, la Lithuanie, ainsi que les territoires caucasiens et transcaspiens de l'autre, ne serait pas rapidement obtenue par des accords, le règlement des problèmes sera fait en consultation et coopération avec la Ligue des Nations, et jusqu'à ce que le règlement soit intervenu, le gouvernement de la Russie agrée de reconnaître ces territoires comme autonomes et de conformer les relations qui peuvent exister entre les gouvernements *de facto* de ces territoires et les gouvernements alliés et associés. »

Le Conseil suprême est donc d'accord pour considérer la Géorgie comme un gouvernement *de facto*, avec lequel on peut avoir des relations diplomatiques. Il n'est pas hostile, en principe, à l'idée de l'indépendance de ce pays, mais il voudrait un accord préalable entre les divers Etats issus de l'ancien empire. Il a admis, pour le moment, l'indépendance de la Pologne et de la Finlande, mais il ne dit pas pour quelles raisons il la refuse aux Géorgiens et aux Lithuaniens, pour ne citer que ceux-ci, qui ont eu déjà une existence d'Etat, antérieurement, et demandent à redevenir indépendants.

Koltchak, dont l'étoile était alors au zénith, a répondu très habilement aux ouvertures de l'Entente. Voici ce que, dans sa note du 4 juin 1919, il répondait sur le point cité plus haut :

« Nous sommes, dès à présent, à préparer la solution concernant le sort des groupements nationaux d'Esthonie, de Lettonie, de Lithuanie, des pays caucasiens et transcaspiens. Nous avons toutes les raisons de croire qu'un prompt règlement interviendra, étant donné que le gouvernement assure, dès maintenant, l'autonomie des diverses nationalités. Il va de soi que les limites et les modalités de ces autonomies seront réglées séparément pour chacune des nationalités. Et même, au cas où des difficultés surgiraient en ce qui concerne la solution de ces diverses questions, le gouvernement est prêt à recourir à la collaboration et aux bons offices de la Société des Nations, en vue d'arriver à un règlement satisfaisant. »

Il laisse le protocole ouvert à toutes les solutions et il assure l'autonomie des diverses nationalités, mais en en réservant les frontières et les modalités. Il réserve donc l'avenir et ne renonce pas à englober ces divers pays dans l'empire dont il rêve la résurrection. On assure même qu'il songeait à y faire rentrer même la Finlande.

C'est cet accord avec Koltchak qui a empêché, jusqu'ici, l'Entente de reconnaître à la Géorgie son droit à l'indépendance. Celle-ci n'entend nullement se libérer par là de la partie de la dette russe qui lui incombe comme ancienne partie intégrante de l'Empire. Bien que n'ayant jamais admis en droit son annexion à la Russie, elle est prête à supporter sa quote-part de dette proportionnelle à la population.

Koltchak a montré le bout de l'oreille en laissant son lieutenant Denikine attaquer à diverses reprises la Géorgie. Dès lors, en juin 1919, la convention défensive, conclue avec l'Azerbeidjan, a permis aux deux républiques de faire face au danger et il semble que Denikine ait reçu de l'Entente l'ordre de laisser tranquille la jeune république. Les dispositions des représentants des puissances alliées, à Tiflis, se sont améliorées et on peut espérer que la reconnaissance officielle ne sera pas éternellement refusée, par les grandes puissances, à celui des pays de l'ancienne Russie méridionale, qui semble le plus solidement constitué.

Pour le moment, il est, de ce fait, dans une position difficile. La crise du ravitaillement est aiguë, non que la guerre et la révolution aient eu une répercussion plus profonde qu'ailleurs, mais à cause de l'isolement économique, presque complet, dans lequel se trouve le pays, tant de la Russie que des autres pays européens. L'armée de Denikine bloque la Géorgie, n'y laissant pénétrer aucune marchandise. Elle confisque presque tout ce qui est expédié du nord, par la mer Noire et réquisitionne les bateaux géorgiens. C'est ainsi que quarante-cinq wagons de marchandises, envoyés en Géorgie par des commerçants du pays, ont été confisqués à Novorossisk. Jusqu'ici, le commandement allié a toujours toléré ce blocus. Bien plus, il l'a facilité en envoyant des ressources militaires à l'armée volontaire, en expédiant de Kars, sur des wagons géorgiens, du matériel de guerre qui était aussitôt retourné contre la Géorgie. On comprend qu'il y avait là de quoi exaspérer l'opinion publique du pays. Elle n'en reste pas moins confiante dans l'avenir, car les Géorgiens ont cela de plus que beaucoup de peuples issus de l'ancienne Russie et, particulièrement, le moujik de la Moscovie, ils ont une conscience nationale provenant d'un passé, d'une histoire et d'une langue. Le moujik, lui, n'avait, jadis, comme conscience, que le tsar ; celui-ci disparu, il n'a plus rien ; c'est l'anarchie, et on a vu où il s'est laissé conduire. Une éclipse de cent-quinze ans n'a pas suffi à détruire l'idée nationale géorgienne, basée sur quarante-cinq siècles d'histoire, dont plus de vingt n'ont rien à voir avec les temps légendaires.

La jeune République va même plus loin. Sa plus intime pensée est de trouver sa place, à droits égaux, dans la Société des Nations qui lui assurera l'inviolabilité et la plus sûre des protections.

LA GÉORGIE TURQUE

Les Géorgiens, nous l'avons dit, ne réclament aucun territoire qui ne soit pas peuplé, en majorité, d'habitants de leur race et de leur langue ; ils s'en tiennent strictement aux principes de Wilson et ils sont trop franchement démocrates pour ne pas se soumettre au plébiscite éventuel que la conférence ordonnerait. Toute la contrée du Tchorok et la côte au-delà de Trébizonde, jusqu'au delà de Kerason, font partie de ce que les Turcs appelaient le pays des Gourdjs (Géorgiens) et portent encore le nom de Géorgie turque, mais les dirigeants géorgiens sont désireux de vivre en paix avec l'Arménie. Ils reconnaissent que Trébizonde, est le débouché maritime naturel de l'Arménie, comme Dantzig l'est de la Pologne ; ils ne le revendiquent pas et laissent à leurs voisins cette ville absolument nécessaire au développement de leur Etat.

Par contre, ils ont des droits qu'ils entendent faire valoir sur le Lazistan, la contrée côtière, qui va des environs de Batoum jusqu'au Kalapotamos, une rivière qui se jette dans la mer Noire entre Ofa et Surmené, à 60 kilomètres de Trébizonde. Ces contrées comprennent l'ancien sandjak du Lazistan et les cazas de Tortoum et de Kiskim, la contrée du haut Tchorok, qui doivent avoir environ 270,000 habitants, dont les

Géorgiens musulmans forment la grande majorité. Musulmanisée depuis cinq siècles, cette contrée est nettement géorgienne. Quantité de noms géographiques ont des dénominations géorgiennes. Au point de vue anthropologique, les Lazes ont le type kartvélien, taille moyenne, nuance brune des cheveux et des yeux, brachycéphalie accentuée. Leur langue, le dialecte lazomingrélien se parle sur toute la côte orientale de la mer Noire et il est compris aisément des Géorgiens de Géorgie. Plusieurs explorateurs, les Anglais Palgrew et Linch, l'allemand Hugo Grotte, affirment catégoriquement le caractère absolument géorgien du Lazistan et de la contrée du Tchorok. Une autre preuve est le fait que les Lazes, Géorgiens musulmans, font de la viticulture en grand : c'est dire qu'ils n'ont aucun rapport de race avec les Turcs qui, pour raison religieuse, ne cultivent pas la vigne. Les Lazes font un commerce important par mer, exportent du tabac, du métal, de la cire, des fruits, des toiles, des armes. Ce sont d'excellents marins et ils formaient le principal contingent de la flotte turque.

Chotha Rousthaveli, le fameux poète qui était originaire de Meskhethie, a choisi un Laze, comme l'un des trois héros de sa classique épopée, et nous avons dit avec quel soin pieux les Lazes musulmans conservent les anciens monuments de la Géorgie chrétienne. Ils ont, incontestablement, avec elle, une conscience nationale commune.

Ils en ont donné la preuve.

A Batoum qui est, on le sait, occupée par les troupes alliées jusqu'à la décision de la conférence, s'est réunie, le 20 juillet 1919, l'assemblée des représentants de toutes les parties du district — y compris le Lazistan — et elle a pris une résolution contresignée par tous les membres de l'assemblée. Cette résolution, dont nous allons donner le texte, a été remise au représentant du commandement allié, à Batoum, et envoyée à Paris, à la Conférence de la paix, et à Tiflis, au gouvernement géorgien. En voici la teneur :

L'Assemblée des nombreux représentants des Géorgiens musulmans de Batoum et de son district, réunie le 20 juillet, adresse son salut au Gouvernement de la République démocratique géorgienne et en sa personne à la mère-patrie — la Géorgie.

L'Assemblée exprime sa ferme conviction que la Géorgie musulmane, formant partie de la Géorgie, aujourd'hui divisée par suite de circonstances malheureuses, sera bientôt réunie sur la base de l'autonomie, avec sa mère-patrie.

L'Assemblée exprime l'espoir que le Gouvernement géorgien prendra les mesures nécessaires en vue de la réalisation de nos aspirations séculaires.

Vive la Géorgie musulmane sous l'égide de la Géorgie unifiée !

Le Président de l'Assemblée,
MAMED-BEK-ABACHIDZÉ.

Cette adresse confirme le caractère géorgien de cette partie du pays et éclairera le commandement allié sur les aspirations de la nation.

SUISSE ET GÉORGIE

La vieille République helvétique a toute sorte
de raisons de suivre avec intérêt le développement de cette nation ressuscitée qu'est la Géorgie. Il y a entre les deux pays des analogies
nombreuses. Elle a le même régime démocratique, basé sur la décentralisation, sur l'autonomie provinciale — cantonale en Suisse. C'est chez
elle une tradition remontant déjà à l'époque de
la reine Thamar, vers l'an 1200. Les constitutions
des deux pays ont de nombreuses analogies.
Comme en Suisse, il n'y a d'autre président de
l'Etat que celui du pouvoir exécutif. Son armée,
telle qu'elle sera constituée une fois l'état nor-
mal revenu, sera formée sur le modèle de la
nôtre, sur le principe de la milice.

La Géorgie qui a, comme la Suisse, racheté
ses chemins de fer a, comme elle, une nombreuse
population agricole et montagnarde, profondé-
ment attachée à ses traditions et à sa liberté. Ses
soldats ont toujours combattu avec courage et
jouissent, comme c'était le cas des Suisses, d'une
renommée militaire solidement assurée. Il y a
même certaines tribus qui louaient leurs services
au point de vue militaire, comme le faisaient les
régiments suisses à l'étranger.

Il y a entre les deux pays mieux que des analogies, il y a des liens intellectuels étroits. Beaucoup de Géorgiens — à commencer par le chef
actuel du gouvernement — ont fait leurs études
en Suisse, à Genève, à Zurich, à Bâle, à Lau-

sanne, à Fribourg ; le chiffre des étudiants géorgiens dans les Universités suisses, considérable
avant la guerre, et qui a baissé pendant la crise,
va reprendre sa marche ascendante. La Géorgie
a l'intention, non seulement de nous envoyer
beaucoup de ses enfants s'inspirer de notre enseignement et de nos institutions, mais aussi de
nous demander des spécialistes pour l'aménage-
ment de ses forêts, pour les questions d'économie agricole et pour le développement de l'industrie hôtelière.

Il y a déjà un millier de Suisses établis en
Géorgie, spécialement dans l'agriculture, dans
l'industrie laitière principalement. Ces confédé-
rés n'ont eu qu'à se louer de l'attitude du nouveau
gouvernement à leur égard — ils l'ont fait savoir
par voie officielle. Ce nombre ne tardera pas à
s'augmenter, car il est possible d'élargir considérablement les relations commerciales entre
les deux pays. Ce sera tout à la fois un débouché direct important, car le pays est riche et
susceptible d'un grand développement, et en
même temps, comme nous l'avons dit au début,
une voie de transit de premier ordre pour l'Asie
antérieure, la Perse, la Russie méridionale et
l'ouest de l'ancienne Asie russe. Nos industriels
ne doivent pas manquer d'envoyer sur place des
émissaires qui se rendront compte de l'avenir
du pays tout en se renseignant sur ses besoins
et sur ce qu'il peut nous fournir dans de bonnes
conditions.

L'INFLUENCE FRANÇAISE

La France aussi devra avoir l'œil ouvert de ce côté. Rien ne lui serait plus facile que de se concilier ce pays. La culture française y a toujours été en honneur ; le français est de beaucoup la langue étrangère la plus familière aux classes cultivées. Le renom de libéralisme de la France s'est établi, là-bas, depuis le temps de la Révolution. En 1801, elle a protesté contre l'annexion par la Russie, et elle a renouvelé sa protestation sous Napoléon III, à l'époque de la guerre de Crimée. Elle a formellement refusé de laisser consacrer la légalité de l'annexion au Congrès de Paris. Cette ligne de conduite de la France est si bien connue, même des paysans, que, là-bas, dans les campagnes, on ne veut pas croire que la France ne demande pas elle-même l'indépendance de la Géorgie. Elle a, au point de vue des sympathies de la population, une situation que ne possède aucun autre pays et un geste dans le sens souhaité par la Géorgie attacherait ce pays, de façon irréductible, à son influence. Ce serait pour elle un satellite précieux dans le proche Orient.

Au point de vue industriel, elle pourrait trouver là un débouché sérieux pour ses produits ou pour ses capitaux. Ceux-ci en connaissent déjà le chemin : c'est une société française qui exploite les mines de cuivre d'Allaverdi, les plus anciennes du pays, et, dans plusieurs domaines, l'argent français a réussi à s'employer avantageusement. Il y trouverait, à bon compte, les transports par mer étant très avantageux, nombre de produits nécessaires à l'industrie et qui, avant la guerre, prenaient une autre direction. La France commence à s'en rendre compte et, récemment, un délégué commercial et une commission économique ont été attachés à la délégation géorgienne de Paris pour documenter l'industrie française sur l'importance du marché géorgien. En outre, un comité France-Caucase travaille à éclairer l'opinion française.

CONCLUSION

La Géorgie, par la conduite qu'elle a tenue
depuis la guerre et depuis la révolution russe,
par sa fidélité à la cause des alliés, tant qu'il fut
possible de maintenir le front oriental, par son
esprit démocratique sans ombre de bolchevisme,
mérite l'appui de l'Entente. L'illusion du réta-
blissement de l'ancien Empire russe qui hante
encore nombre de bons esprits, ne lui est nullement applicable. A l'exception de la religion
qu'elle pratique et qu'elle n'a, d'ailleurs, nullement reçue de la Russie, puisqu'elle fut chrétienne six ou sept siècles avant elle, la Géorgie
n'a rien de commun avec ce pays ; ni la race,
ni la langue, ni la mentalité, ni les traditions, ni
les institutions. Elle en est séparée par la chaîne
de montagnes la plus haute de l'Europe et elle a
des intérêts géographiques tout différents. Il est
plus ridicule de vouloir la maintenir à toute
force dans le giron russe que ce n'eût été le cas
de la Pologne, qui est de race slave comme la
Russie, et n'en est que la continuation au point
de vue géographique. S'il est un pays qui a droit
à l'indépendance, c'est bien celui-là, car son
annexion brutale n'a jamais été reconnue par
l'Europe. La Géorgie soupire après une paix que,
durant notre ère, elle n'a guère connue que
durant les deux siècles qui ont suivi l'an mil.

Elle a lutté des siècles pour son indépendance et pour le christianisme contre des envahisseurs féroces ; elle a toujours été un champ de bataille et elle aspire maintenant à vivre tranquille et à retrouver la prospérité. Sa capitale, Tiflis, a, au cours des siècles, été occupée vingt-cinq fois et elle a été, à plusieurs reprises, complètement anéantie. Elle s'est toujours relevée et a, aujourd'hui, près de 400,000 habitants. Les Géorgiens, tant de fois contraints d'émigrer — une de leurs colonies, près de Constantinople, complètement musulmanisée, a cependant conservé l'usage de sa langue, — entendent trouver au pays même l'emploi de leur activité. Maintenant que les Turcs, vaincus, ne sont plus pour eux un danger, pas plus que les Persans qui, autrefois, furent aussi leurs ennemis acharnés, maintenant qu'ils n'ont plus à souffrir du protectorat russe, transformé abusivement en annexion, ils peuvent songer à établir leur indépendance sur une base sérieuse ; ils ne demandent rien autre que le territoire de l'ancien royaume et ne réclament aucune terre qui ne soit habitée, en grande majorité, par des hommes de leur race et qui n'ait fait partie de l'Etat de jadis. Bien plus, nous avons vu qu'ils laissent volontairement certaines terres en dehors, pour ne pas entrer en contestation avec leurs voisins à l'amitié desquels ils tiennent.

Ils n'ont pas perdu l'espoir — et nous ne saurions trop les encourager à mûrir cette idée —

de rétablir, par la suite, la Confédération caucasienne dont nous avons parlé. Avec l'Azerbeidjan, une convention militaire lie déjà la Géorgie et il sera aisé de la transformer en un lien plus étroit. Les deux puissances formeraient un Etat fédératif tenant, en entier, l'isthme caucasien.

La Ciscaucasie, en partie occupée par les troupes de Denikine, est, de cœur, avec les Géorgiens. Ce qu'on a appelé la République des montagnards, en partie supprimée par l'armée volontaire russe, tient encore dans le Daghestan, sauf aux ports de Petrowsk et de Derbent, et les habitants de ce pays qui, avec Schamyl, ont réussi plus de cinquante ans à tenir en échec l'immense empire russe, ne sont pas sur le point de se soumettre (¹). Ils parviendront à reformer leur Etat qui occupera de la mer Noire à la Caspienne tout le versant nord du Caucase. Cette république qui comprendrait les Circassiens, les Kabardes, les Ossètes, les Ingouches, les Tchetchènes et les Daghestaniens, a les mêmes aspirations nationales et ne refuserait pas le lien fédératif avec la Géorgie.

Quant à l'Arménie, qui formerait le quatrième Etat de la Confédération, elle aurait aussi tout intérêt à s'appuyer sur une Confédération déjà puissante et qui lui laisserait l'autonomie la plus complète pour ses affaires intérieures. Cela

---

(¹) Ils ont, en effet, déjà réussi à se libérer cet automne.

dépend d'elle et des intentions de son gouvernement.

Ainsi complétés, les Etats du Caucase formeraient une masse compacte, jouissant, comme intermédiaire entre l'Europe et l'Asie, d'une situation de premier ordre et qui ne tarderait pas à se faire sa place dans le monde. Nous n'en sommes pas encore là, mais c'est le but à atteindre.

Pour le moment, les Géorgiens demandent à être définitivement émancipés, à être reconnus comme puissance libre et à trouver leur place dans la Société des Nations.

Suivant la tradition grecque, Deucalion qui peupla la Grèce, était fils de Prométhée et c'est à un rocher du Caucase que celui-ci était cloué. Ce mythe indique que les Grecs entendaient placer dans cette contrée les origines du monde civilisé. Les Géorgiens n'ont oublié ni Prométhée, qu'ils appellent Amiran, ni leurs anciennes gloires et ils aspirent à les faire revivre.

L'aigle du Caucase, si longtemps captif, a rompu sa chaîne. Il a bâti son nid et demande à voler de ses propres ailes.

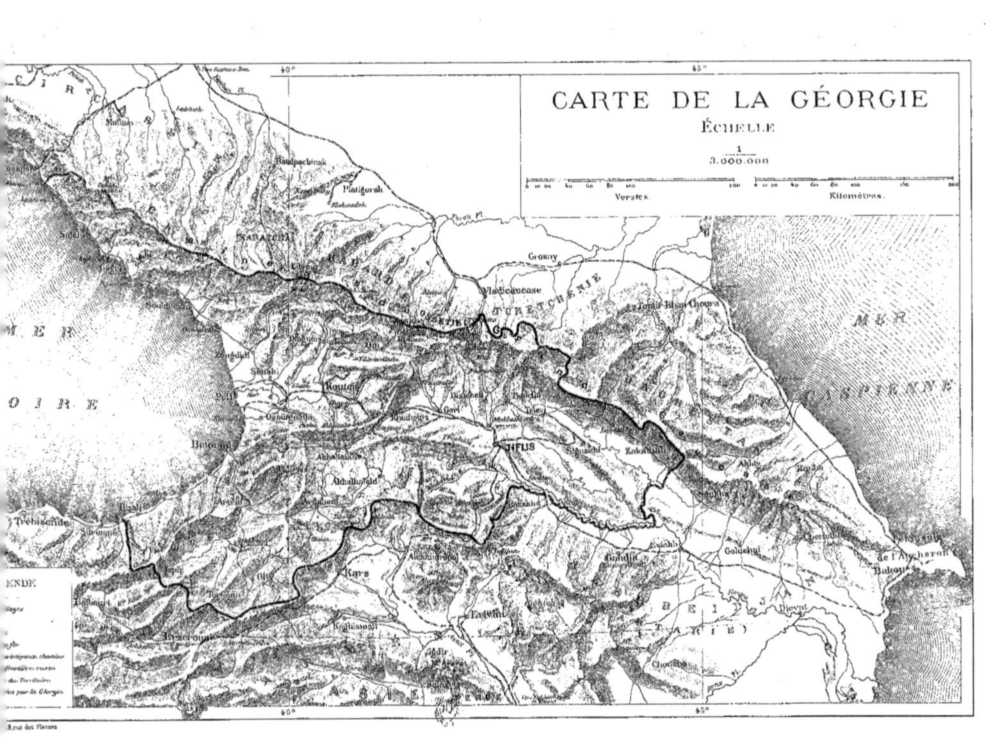
CARTE DE LA GÉORGIE
ÉCHELLE
1
3.000.000
Verstes.
Kilomètres.
CIRC
MER NOIRE
MER CASPIENNE
Piatigorsk
Grozny
Vladicaucase
TCHETCHÉNIE
Temir-Khan-Choura
KARATCHI
Poti
Koutaïs
TIFLIS
Signakh
Zakathali
Batoum
Akhaltsikhe
Akhalkalaki
Gori
Trébizonde
Kars
Alexandropol
Erivan
Bakou
de l'Apchéron
PERSE
ASIE
LÉGENDE